Mon **Premier Larousse**

Le MONDE

ILLUSTRATIONS

Peter Allen
Jacques Azam
Magali Bardos
Cyrille Berger
Émile Bravo
Pierre Caillou
Alice Charbin
Myriam Colin

Nathalie Desforges
Nathalie Dieterlé
Pascale Estellon
Claire de Gastold
Stéphane Girel
Marc Goubier
Bruno Heitz
Joëlle Jolivet

Gwen de Keraval
Amandine Laprun
Benjamin Lefort
Anaïs Massini
Éric Meurice
Catherine Meurisse
Marie Michel
Didier Millotte

Muzo
Pronto
Hélène Riff
Béatrice Rodriguez
Anne Wilsdorf

Illustration de couverture : Émile Bravo

Direction artistique : Frédéric Houssin & Cédric Ramadier
Conception graphique et réalisation : DOUBLE

Conseiller scientifique : Xavier Browaeys
Rédaction : Delphine Godard
Édition : Caroline Terral
Direction éditoriale : Françoise Vibert-Guigue
Direction de la publication : Isabelle Jeuge-Maynart
Lecture-correction : Chantal Pages
Fabrication : Nicolas Perrier

Mon **Premier Larousse**
Le MONDE

SOMMAIRE

DESSINER LA TERRE

La Terre est ronde comme un ballon, mais légèrement aplatie en haut et en bas, aux pôles. Pour représenter la Terre, on utilise des globes, des boules sur lesquelles sont dessinés les mers et les continents.

La **Terre** est immense. Les globes représentent la Terre en tout petit. Les globes sont toujours inclinés, car la Terre est légèrement penchée par rapport au Soleil.

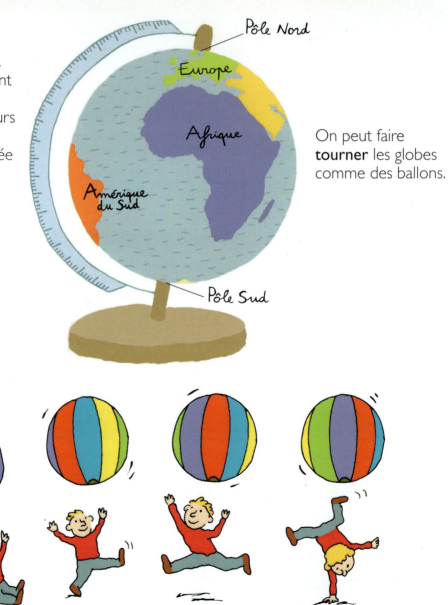

Pôle Nord

Europe

Afrique

Amérique du Sud

Pôle Sud

On peut faire **tourner** les globes comme des ballons.

On voit alors apparaître les **continents** et les **océans** les uns après les autres.

Quand on fait tourner le globe de la droite vers la gauche,
en commençant par l'**Afrique**, on voit d'abord apparaître
l'**Europe** et l'**Asie**, puis l'**Australie** et enfin les deux **Amériques**.

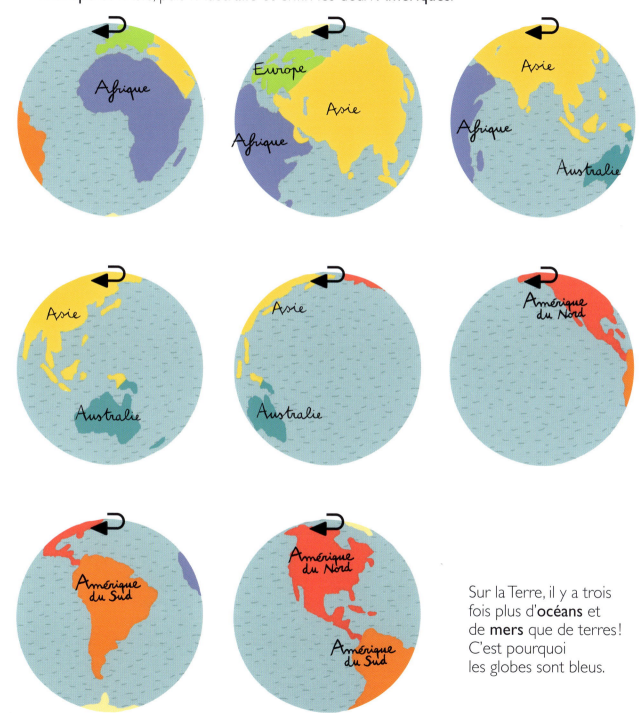

Sur la Terre, il y a trois
fois plus d'**océans** et
de **mers** que de terres !
C'est pourquoi
les globes sont bleus.

SE REPÉRER SUR LA TERRE

Pour se repérer sur la Terre, on utilise des cartes. Ce sont des images réduites mais très précises de la Terre. Il existe toutes sortes de cartes : cartes du monde, cartes des différents pays, des différentes régions…

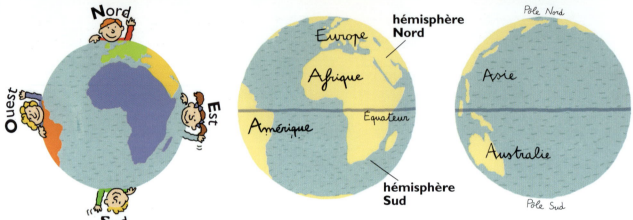

Pour se repérer, on utilise les **4 points cardinaux** : le nord en haut, le sud en bas, l'ouest à gauche et l'est à droite.

L'**équateur** est une ligne imaginaire qui coupe la Terre en deux moitiés égales : l'hémisphère Nord et l'hémisphère Sud.

Le point le plus au nord de l'hémisphère Nord est le **pôle Nord** ; le point le plus au sud de l'hémisphère Sud est le **pôle Sud**.

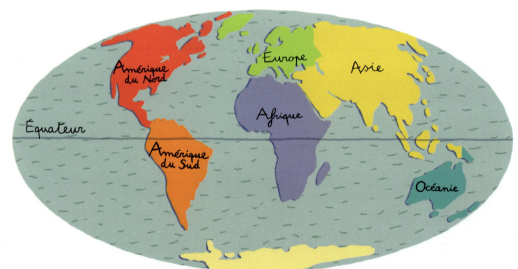

La Terre est ronde. Pour la représenter tout entière sur une carte, on la met à plat, comme si on étalait la peau d'une orange. Cette carte s'appelle un **planisphère**. Sur le planisphère, on peut voir tous les continents et tous les océans à la fois.

DES LIGNES POUR SE REPÉRER

Pour se repérer, les hommes ont observé le Soleil.

Les **cercles polaires** passent là où l'on voit le soleil à minuit, le premier jour de l'été.

À l'**équateur,** les jours et les nuits ont la même durée toute l'année : 12 heures.

Deux autres lignes sont importantes : les **tropiques**. Elles passent là où le Soleil est à la verticale, à midi, le premier jour de l'été : le 21 juin dans l'hémisphère Nord et le 21 décembre dans l'hémisphère Sud.

Cercle polaire arctique

Tropique du Cancer

Équateur

Tropique du Capricorne

Cercle polaire antarctique

QU'Y A-T-IL SUR UNE CARTE ?

Pour dessiner une carte, on utilise différentes couleurs et des symboles. Il faut regarder au bas de la carte, ou à côté, pour comprendre à quoi correspondent ces couleurs et ces dessins. C'est ce qu'on appelle la **légende** de la carte.

LÉGENDE

- mer
- glace
- fleuve
- forêt
- montagne
- capitale ville
- frontière

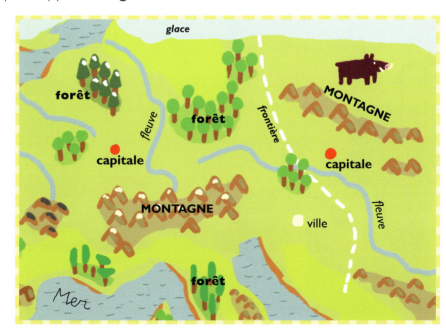

LES DISTANCES

Sur un globe ou sur les cartes du monde, les distances semblent toutes petites. Paris a l'air d'être à côté de New York. En réalité, la distance entre ces deux villes est très grande.

Pour mesurer la distance entre deux endroits de la Terre, on utilise les **kilomètres**. En abrégé, on écrit : **km**. Sur les cartes, ces distances sont représentées en **centimètres** (**cm**). Ainsi, sur la carte du monde (de la page 11), New York et Paris sont à 2,5 cm l'une de l'autre, alors qu'en réalité 5 880 km les séparent.

À l'équateur, le tour de la Terre fait **40 000 km** ! Un avion pourrait faire le tour de la Terre en un peu moins de deux jours.

En une journée, un bon marcheur peut parcourir 40 km. Il lui faudrait plus de deux ans et demi pour faire le tour de la Terre.

Une voiture peut parcourir 1 000 km en une journée. Elle pourrait donc faire le tour de la Terre en un peu moins d'un mois et demi.

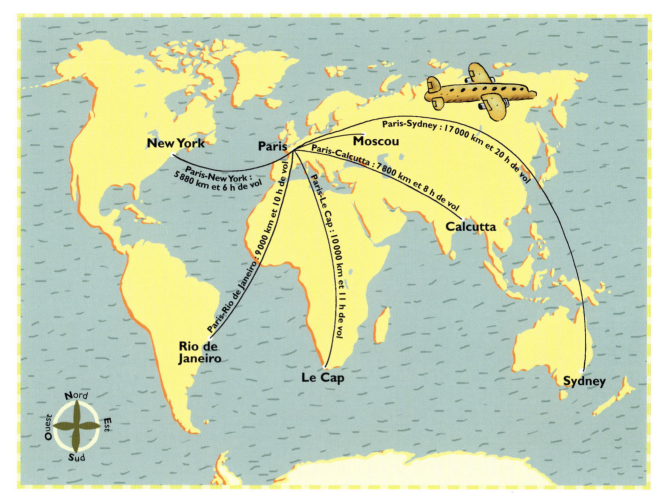

Moscou, sur la carte, est à côté de Paris. En réalité, Moscou est à **2 500 km** de Paris.
Pour aller de Paris à Moscou en **avion**, il faut **3 heures 30**.
En **train**, il faut environ **18 heures**.
En **voiture**, le voyage dure environ **3 jours**.
À **pied**, cela peut durer **des mois** !

SIX CONTINENTS

La Terre est divisée en six grands continents.
Un tiers de la surface de ces continents est couvert de déserts.

AMÉRIQUE

L'Amérique est formée de deux grands triangles reliés par une étroite bande de terre.

AFRIQUE

L'Afrique est le continent le plus chaud. On dit qu'elle a la forme d'une tête de rhinocéros, à cause de sa corne.

Amérique du Nord

Océan Atlantique

Afriq

Amérique du Sud

Océan Pacifique

Nord
Ouest
Est
Sud

Océan Arctique

Europe

Asie

Océan
Pacifique

Océanie

Océan
Indien

ntarctique

EUROPE
L'Europe est le plus petit continent après l'Océanie, et le plus peuplé après l'Asie.

ASIE
L'Asie est le plus grand continent et le plus peuplé. Plus de la moitié des hommes y vivent.

ANTARCTIQUE
L'Antarctique est un continent couvert de glace. Au milieu se trouve le pôle Sud.

OCÉANIE
L'Océanie est formée de milliers d'îles de l'océan Pacifique dont une très grande, l'Australie.

LES OCÉANS ET LES MERS

**Les trois quarts de la Terre sont recouverts par les océans et les mers.
Il y a plus de 50 mers, plus ou moins grandes, sur la Terre, et quatre grands océans.
Près du pôle Nord, l'océan Arctique est en partie gelé.**

Amérique
du Nord

Océan Atlantique

Eur

Afriqu

Océan Pacifique

Amérique
du Sud

Nord

Ouest

Est

Sud

L'OCÉAN ATLANTIQUE
sépare les Amériques
de l'Afrique
et de l'Europe.

Océan Arctique

Asie

Amérique
du Nord

Océan Pacifique

L'OCÉAN PACIFIQUE
est le plus grand des
océans : il recouvre
presque la moitié de
la Terre et il est aussi
plus grand que tous
les continents réunis.
Il sépare les Amériques
de l'Asie et de
l'Australie.

Océan Pacifique

Océan Indien

Australie

L'OCÉAN INDIEN
sépare l'Afrique de l'Asie
et de l'Australie.

Antarctique

OÙ VIVENT LES BALEINES ET LES REQUINS ?

Baleines et requins sillonnent les mers du monde. Certains parcourent des milliers de kilomètres. L'hiver, ils quittent les eaux froides des pôles pour mettre au monde leurs petits dans les eaux plus chaudes.

La **baleine bleue** reste six mois dans les mers chaudes, le temps que son baleineau soit assez fort pour regagner les mers du Nord où ils vont pouvoir se nourrir abondamment car leurs eaux froides sont riches en plancton. Les baleines bleues sont désormais rares.

La **baleine franche** vit dans les eaux chaudes. Elle nage lentement et ne craint pas de s'approcher des côtes. Facile à observer, elle est aussi facile à capturer.

Le **cachalot** se reconnaît facilement à son énorme tête carrée. C'est le plus grand des cétacés à dents. Il vit dans tous les océans.

Surnommée la baleine tueuse, l'**orque** fréquente tous les océans, mais préfère les eaux fraîches : il y en a beaucoup dans l'océan Antarctique.

Le **bélouga** est une baleine blanche qui vit dans les mers polaires.
Ses petits sont tout gris. Le **narval** vit aussi dans ces eaux froides.
On l'appelle la licorne de mer à cause de sa défense en forme de spirale.

Le **grand requin blanc** est un solitaire
qui fréquente les côtes d'Australie,
d'Afrique du Sud et d'Amérique du
Nord. C'est un «mangeur d'hommes
par erreur» car il les confond avec les
mammifères marins dont il est friand !

Le **requin-marteau** est
un prédateur dangereux
et vorace qui vit dans
les eaux tempérées et
tropicales. On le reconnaît
à sa large tête aplatie.

Le **grand dauphin** vit dans
les mers tempérées et tropicales,
près des côtes. Comme tous
les dauphins, il vit en groupe.

GRANDS FLEUVES DU MONDE

Les fleuves ont une vie : ils naissent, grandissent puis disparaissent, en se jetant dans les mers ou les océans. Ils sont très importants dans la vie des hommes. Il y a beaucoup de villes au bord des fleuves.

- **2** Mackenzie
- **7** Ienisseï
- **3** Mississippi
- **6** Gange
- **8** Yangzi Jiang
- **4** Nil
- **1** Amazone
- **5** Congo
- **9** Murray

Les **fleuves** jouent un rôle important dans la vie des pays qu'ils traversent.

Sur les fleuves, les hommes peuvent **naviguer**. Cela leur permet de se **déplacer** et de **transporter** des marchandises.

Les fleuves permettent d'**irriguer**, c'est-à-dire d'apporter de l'eau aux terres pour les cultiver.

Les hommes utilisent la force des fleuves pour créer de l'**énergie**, en produisant de l'**électricité**.

Le fleuve **Amazone** (1), en Amérique du Sud, est le plus long fleuve du monde.

Le **Mackenzie** (2) est un fleuve très froid du Canada.

Le **Mississippi** (3) est le plus grand fleuve des États-Unis.

Le **Nil** (4) est le plus long fleuve d'Afrique.

Le **Congo** (5) est un grand fleuve d'Afrique.

Le **Gange** (6) est le fleuve le plus important d'Inde.

Le **Ienisseï** (7) est un grand fleuve de Russie.

Le **Yangzi Jiang** (8) est le premier fleuve de Chine.

Le **Murray** (9) est le plus long fleuve d'Australie.

LES PLUS HAUTES MONTAGNES

Les principales chaînes de montagnes sont : l'Himalaya, en Asie ; les Rocheuses, en Amérique du Nord, et les Andes, en Amérique du Sud ; les Alpes, en Europe, et le Caucase, entre l'Europe et l'Asie.

Les plus hauts sommets du monde se trouvent dans la chaîne de l'**Himalaya**, au sud de la Chine : 14 sommets atteignent plus de 8 000 mètres !

McKinley ❷

ROCHEUSES

❹ Mont Blanc

ALPES ❺ Elbrouz

CAUCASE ❶ Everest

HIMALAYA

CORDILLÈRE DES ANDES

❸ Aconcagua

L'**Everest** (1), dans l'Himalaya, est le plus haut sommet du monde : 8 848 m. On le surnomme « le toit du monde ».

La chaîne des **Rocheuses** s'étend de l'Alaska au Mexique. Le plus haut sommet est le mont **McKinley** (**2**), en Alaska : 6 194 m.

Les **Andes** forment une immense barrière montagneuse, du Venezuela au sud de l'Argentine. Le plus haut sommet est l'**Aconcagua** (**3**), en Argentine : 6 959 m.

Les **Alpes** forment la chaîne la plus vaste et la plus haute d'Europe. Elles sont partagées entre plusieurs pays. Le plus haut sommet est le **mont Blanc** (**4**), en France : 4 807 m.

Les monts **Caucase** s'étendent au sud de la Russie. Ils séparent l'Europe et l'Asie. Le sommet le plus haut est l'**Elbrouz** (**5**) : 5 642 m.

CLIMATS CHAUDS, CLIMATS FROIDS

Il ne fait pas partout le même temps sur la Terre. Près des pôles, il fait très froid, et entre les tropiques, il fait toujours chaud. Dans les zones tempérées, il y a quatre saisons.

Zone **FROIDE**

Zone **TEMPÉRÉE**

Zone **CHAUDE**

Zone **TEMPÉRÉE**

Zone **FROIDE**

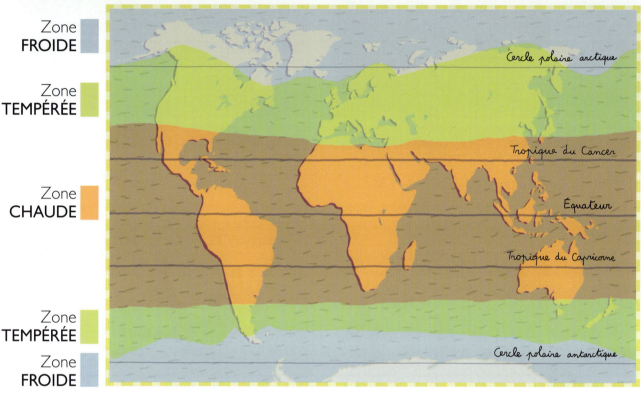

Cercle polaire arctique

Tropique du Cancer

Équateur

Tropique du Capricorne

Cercle polaire antarctique

Les pays des **zones froides** ne connaissent que **deux saisons** : l'hiver et l'été.

Le climat du pôle Nord est très rude. L'**hiver**, la température peut descendre au-dessous des −30°. Les vents soufflent avec violence, provoquant des tempêtes de neige.

Dans les régions près du pôle Nord, l'**été** est très court. Le soleil ne se couche jamais. C'est le «soleil de minuit». En hiver, il fait nuit tout le temps.

Beaucoup de pays se trouvent dans la **zone tempérée** de l'hémisphère Nord, où il y a **quatre saisons**. Le climat tempéré est dans l'ensemble assez doux.

L'**automne** est doux et pluvieux. Les feuilles des arbres tombent.

L'**hiver** est plus froid, mais les températures descendent rarement très bas.

Le **printemps** est une saison douce, ensoleillée. Les feuilles des arbres poussent.

L'**été** est la saison la plus chaude. Les fruits mûrissent sur les arbres.

Dans les pays des **zones chaudes**, entre les tropiques, il fait chaud toute l'année. Mais il y a **deux saisons** : une saison des pluies et une saison sèche.

Pendant la **saison sèche**, les animaux ont du mal à trouver de quoi manger.

À la **saison des pluies**, tout repousse, tout reverdit : l'herbe, les feuilles des arbres.

LES PLANTES DANS LE MONDE

Pour pousser, les plantes ont besoin d'eau et de soleil. Dans les régions où il y a peu d'eau, comme dans les déserts, il n'y a presque pas de plantes. Dans les régions chaudes et humides, il y en a beaucoup.

- glace
- toundra
- taïga et forêt tempérée
- savane et grande prairie
- désert
- forêt tropicale

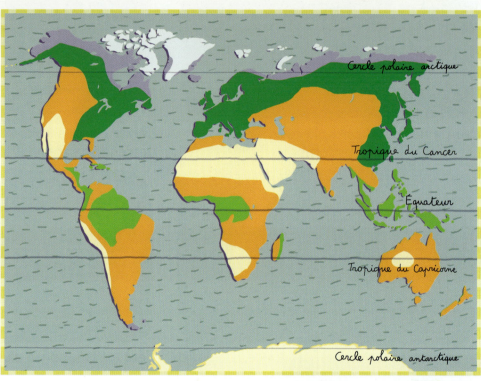

Cercle polaire arctique

Tropique du Cancer

Équateur

Tropique du Capricorne

Cercle polaire antarctique

Peu de plantes supportent le froid. Sur les terres, près du pôle Nord, il fait si froid que rien ne pousse.

Près du pôle Nord, la terre est couverte de **glace**. Rien ne pousse sur la banquise, car c'est de la mer gelée.

Plus au sud, le sol est gelé presque toute l'année. Mais au printemps, il se couvre de fleurs. C'est la **toundra**.

Là où finit la toundra commence la **taïga**, une immense forêt de conifères qui résistent au long hiver.

Dans les **pays tempérés**, il ne fait ni très chaud ni très froid. La pluie tombe régulièrement. Les **forêts** changent de couleur selon les saisons. Sur les montagnes poussent des conifères qui supportent bien la neige. Les plaines sont le domaine des **prairies**.

La végétation des **pays chauds** dépend de la quantité de pluie. Dans les **déserts**, il n'y a pas d'eau, presque rien ne pousse. Près des tropiques, la pluie tombe tous les jours. La **forêt tropicale** est composée d'arbres immenses. Entre les deux, il y a la **savane**.

LES LONGS VOYAGES DES OISEAUX

Beaucoup d'oiseaux vivant dans les zones tempérées et froides ne trouvent plus de quoi se nourrir quand l'hiver arrive. Ils partent alors vers les pays chauds.

À l'automne les **hirondelles** quittent l'Europe pour l'Afrique. Elles volent le jour et se reposent la nuit. Beaucoup meurent en route. Les autres reviennent en Europe au printemps suivant.

Pour économiser leurs forces les oies sauvages **se mettent en V pour voler.** Les battements d'ailes de celle qui est à l'avant facilitent le vol des autres qui se laissent porter par l'air.

Les **oies sauvages** partent vers la toundra au printemps. Elles profitent des longues journées d'été pour couver.

Les **cigognes blanches** quittent l'Europe dès le mois d'août pour se rendre en Afrique et en Asie. Elles font des étapes de 300 à 400 km par jour. Elles reviennent en Europe au mois de février.

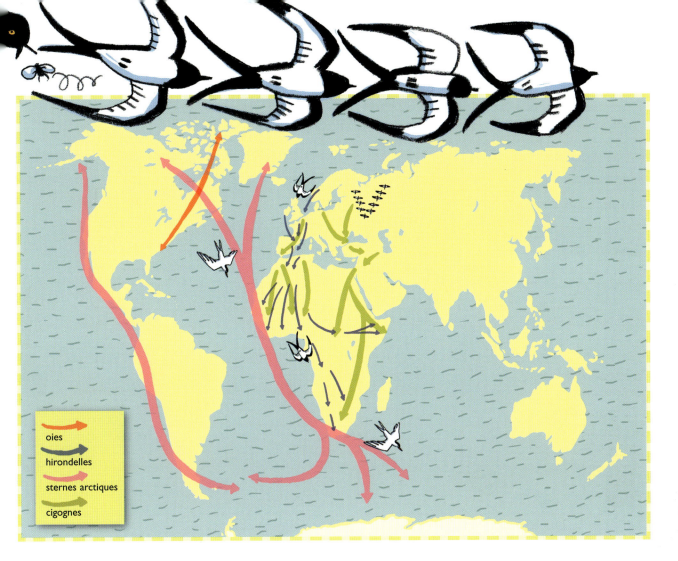

oies
hirondelles
sternes arctiques
cigognes

La **sterne arctique** passe l'été au pôle Nord et l'hiver au pôle Sud. Chaque année, elle fait presque le tour de la Terre !

Pour suivre le trajet des oiseaux, on fixe sur leur dos une **balise Argos**. La balise permet de savoir où se situe l'oiseau et la vitesse à laquelle il vole. Ces informations sont transmises à un satellite qui les renvoie ensuite à des observatoires sur la Terre.

LES DÉSERTS

**Dans les déserts, il ne pleut pas ou très rarement. La vie y est donc très difficile.
Il y a peu de plantes, peu d'animaux, peu d'hommes.
Il existe des déserts chauds et des déserts froids.**

Les déserts couvrent **un tiers** de la surface des Terres.

Le plus célèbre désert américain est la **Vallée de la Mort** (1).

Il n'y a pas de villages dans les déserts, puisqu'il n'y a pas d'eau.
Les hommes y sont peu nombreux. Les **Touareg du Sahara**
se déplacent sans cesse avec leurs troupeaux de dromadaires,
à la recherche d'un point d'eau. Ce sont des **nomades**.

Une grande partie de l'**Australie** est occupée par des déserts (**2**). Ils sont parsemés d'énormes rochers rouges sculptés par le vent.

Le **désert de Gobi** (**3**), en Mongolie, est grand comme deux fois la France. Il y fait très froid en hiver (- 40°) et très chaud en été (+ 45°).

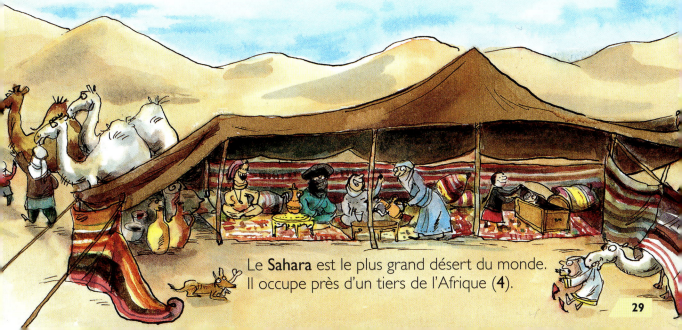

Le **Sahara** est le plus grand désert du monde. Il occupe près d'un tiers de l'Afrique (**4**).

LES GRANDES PRAIRIES D'HERBE

Sur tous les continents, il y a des régions couvertes d'herbe, de vastes prairies naturelles : la Grande Prairie en Amérique du Nord, la pampa en Amérique du Sud, la steppe en Asie, la savane en Afrique.

La **Grande Prairie d'Amérique du Nord** (1) était autrefois le domaine des bisons et des Indiens qui les chassaient.

Les grandes prairies naturelles du monde ont de plus en plus tendance à disparaître, ainsi que les animaux qui y vivent. Ces prairies sont remplacées par des **terres cultivées**. Ainsi, la prairie américaine a laissé la place à de grands champs de céréales : blé ou maïs.

1 Grande Prairie d'Amérique du Nord
3 Steppe d'Asie
4 Savane d'Afrique
2 Pampa d'Amérique du Sud

En Amérique du Sud, la prairie s'appelle la **pampa** (**2**). C'est le domaine des gauchos. Ils parcourent à cheval ces immenses étendues pour garder leurs troupeaux.

On appelle **steppe** la prairie qui couvre une partie de l'Asie (**3**). Elle est habitée par des nomades, comme certaines tribus mongoles qui se déplacent avec leurs chameaux.

En Afrique, la prairie s'appelle la **savane** (**4**). C'est le royaume des animaux qui mangent de l'herbe, comme les éléphants, les girafes ou les antilopes, et qui sont mangés par les lions et les guépards.

LES GRANDES FORÊTS DU MONDE

Il existe trois grands types de forêts dans le monde : les forêts tropicales des régions chaudes et humides ; les forêts à feuilles caduques des régions tempérées et les forêts de conifères des régions froides.

Les **forêts tropicales** poussent entre les tropiques, dans les régions où il fait chaud et humide toute l'année. Les arbres sont très nombreux, gigantesques et toujours verts. Ce sont des forêts denses. Elles abritent des milliers d'espèces de plantes et donc d'animaux.

Grâce à la pluie et au soleil, tout y pousse facilement. Si facilement… que les plantes poussent les unes sur les autres !

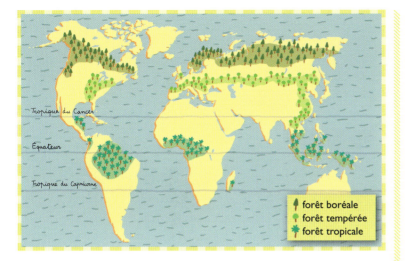

La plupart des conifères gardent leurs feuilles (les aiguilles) en hiver. Mais pas le mélèze !

Les arbres des forêts tempérées :

le chêne le frêne l'orme

le hêtre l'épicéa le bouleau

Les forêts des **régions tempérées** (Europe, Amérique du Nord et Asie) sont appelées forêts tempérées. Elles sont composées surtout d'arbres à feuilles caduques, c'est-à-dire qui tombent en hiver.

Les arbres de la forêt boréale :

le mélèze le tsuga l'épinette

le bouleau l'épicéa le sapin

Les forêts des pays froids (Canada, Sibérie, Scandinavie) sont appelées **forêts boréales**. Elles sont constituées surtout d'arbres qui résistent bien au froid et à la neige : les conifères.

LES VOLCANS

Il y a des volcans dans le monde entier. Il en existe plusieurs milliers, et environ 660 sont actifs : ils peuvent se réveiller, entrer en éruption.

Le **piton de la Fournaise** (**1**), sur l'île de La Réunion, est l'un des volcans les plus actifs.

Le **Saint Helens** (**2**) est un volcan actif du nord des États-Unis.

Le **Mauna Loa** (**3**) est un grand volcan de l'île d'Hawaii.

Le **Perbuatan**, sur l'île de Krakatoa (**4**) est un volcan actif d'Indonésie.

Le **Vésuve** (**5**) est un volcan actif du sud de l'Italie.

Le **Cotopaxi** (**6**) est un volcan actif des Andes.

Le **Puy de Dôme** (**7**) est un volcan éteint d'Auvergne.

L'**Erebus** (**8**) est un volcan actif de l'Antarctique.

Au-dessous du sol sur lequel nous vivons, il y a une couche de roches. On l'appelle l'**écorce terrestre**. Cette couche est formée de plusieurs grandes **plaques** et sous ces plaques, il y a des roches en fusion ou **magma**. Parfois, ces roches brûlantes remontent entre les plaques et provoquent des **éruptions volcaniques**.

Saint Helens ②

Mauna Loa ③

Cotopaxi ⑥

⑦ Puy de Dôme

Vésuve ⑤

Montagne Pelée

④ Perbuatan

① Piton de la Fournaise

⑧ Erebus

Le **volcanologue** est un savant qui étudie les volcans. Il essaie de prévoir quand un volcan va se réveiller afin de pouvoir faire partir à temps les personnes qui vivent à côté du volcan.

Les plus grandes éruptions volcaniques :

Perbuatan, 1883 : 36 000 victimes

Montagne Pelée, 1902 : 28 000 victimes

Vésuve, 79 apr. J.-C. : 16 000 victimes

LES TREMBLEMENTS DE TERRE

Notre Terre bouge sans cesse. Chaque minute, le sol tremble quelque part. La plupart des secousses sont imperceptibles. Mais d'autres provoquent de véritables catastrophes.

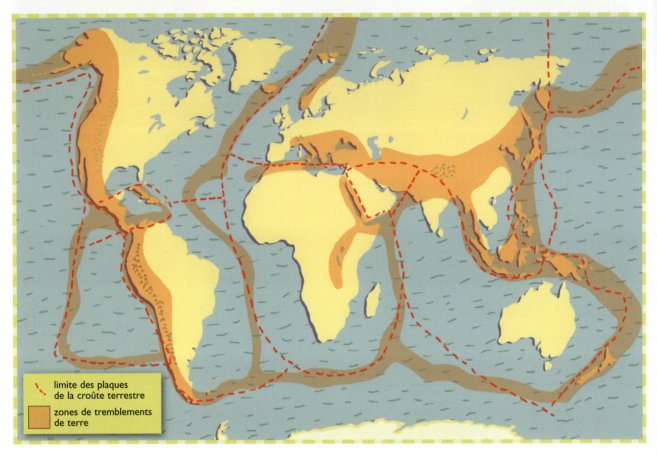

\ limite des plaques
de la croûte terrestre

zones de tremblements
de terre

La couche de roches qui forme la **croûte terrestre** n'est pas faite d'un seul morceau, mais de plusieurs plaques épaisses qui s'écartent ou se rapprochent les unes des autres.

On peut mesurer la force des tremblements de terre, leur magnitude.
Pour cela, on utilise un système appelé l'**échelle de Richter**.

Au **degré 3** de l'échelle de Richter, les objets fragiles vibrent.

Au **degré 5**, c'est une très forte secousse : les meubles bougent, les murs se fissurent.

Au-delà du degré 8, la destruction est totale : les maisons s'écroulent, les routes s'effondrent.

Il y a aussi des tremblements de terre sous la mer. Ils peuvent provoquer des vagues gigantesques, hautes de 60 m, qui détruisent tout sur leur passage : des **tsunamis**.

OÙ VIVENT LES HOMMES SUR LA TERRE ?

Nous sommes très nombreux sur la Terre : 7 milliards d'hommes environ !
Chaque année, il y a 80 millions de personnes en plus.
Toutes les deux secondes, il naît 9 bébés.

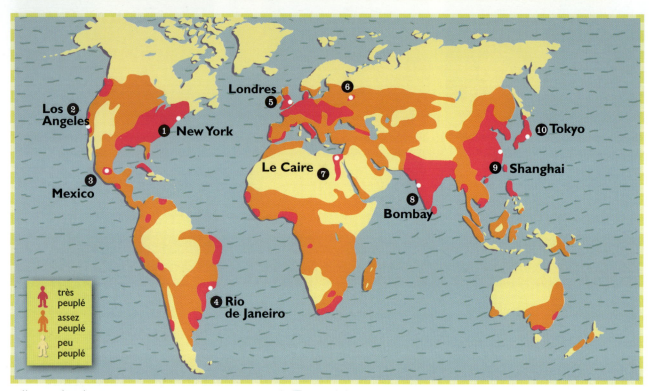

Il y a des hommes presque partout sur la Terre. Mais certaines régions sont beaucoup plus peuplées que d'autres : le **bord de la mer**, les rives des **fleuves**, les **plaines**. C'est là que sont installées les grandes villes du monde.

New York (1) est la plus grande ville des États-Unis. C'est un port situé sur la côte est. New York compte plus de 16,6 millions d'habitants.

Hollywood est le quartier du cinéma à **Los Angeles** (2), la deuxième ville des États-Unis.

Mexico (**3**), capitale du Mexique, compte plus de 20 millions d'habitants.

Rio de Janeiro (**4**), grande ville du Brésil, compte 12 millions d'habitants.

Londres (**5**), grande ville d'Europe, compte 8,5 millions d'habitants.

Moscou (**6**), capitale de la Russie, compte 10,5 millions d'habitants.

Le Caire (**7**), capitale de l'Égypte, compte 11 millions d'habitants.

Bombay (**8**) est un grand port indien. La ville compte 20 millions d'habitants.

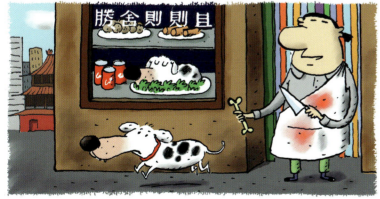

Shanghai (**9**) est le plus grand port de Chine. La ville compte 16,5 millions d'habitants.

Tokyo (**10**) est la capitale du Japon. C'est aussi un port, qui compte 36,7 millions d'habitants.

D'OÙ VIENT LE CHOCOLAT ?

Le chocolat que l'on mange en tablette, ou que l'on boit avec du lait, est fait à partir des fruits d'un arbre : le cacaoyer. Cet arbre pousse dans les régions tropicales d'Amérique du Sud et d'Afrique.

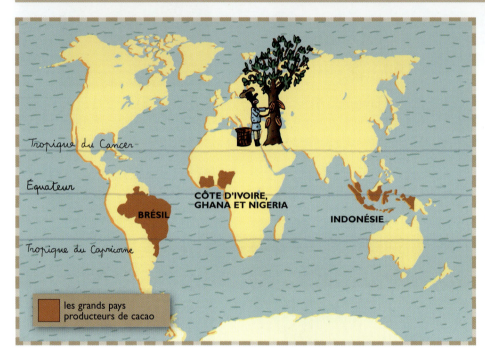

Tropique du Cancer

Équateur

BRÉSIL

CÔTE D'IVOIRE, GHANA ET NIGERIA

INDONÉSIE

Tropique du Capricorne

les grands pays producteurs de cacao

Pour faire du chocolat, on cultive le **cacao** dans de grandes plantations. Les principaux producteurs de cacao sont la **Côte d'Ivoire**, le **Ghana**, le **Nigeria** en Afrique, le **Brésil** en Amérique du Sud et l'**Indonésie** en Asie.

Les fruits du cacaoyer s'appellent des **cabosses**. Ils poussent sur le tronc de l'arbre.

Une cabosse contient entre **20 et 50 fèves** de cacao. Pour faire une tablette de chocolat, il faut environ 8 cabosses.

Quand les cabosses sont mûres, elles sont de couleur rouge-orangé. Il faut alors les **cueillir**. On coupe la cabosse en deux, puis on extrait les fèves à la main. On dépose les fèves dans des grandes caisses où elles **fermentent** et **brunissent**. Puis, on les fait **sécher**.

Les fèves sont grillées pour augmenter leur arôme. C'est la **torréfaction**.

Puis, elles sont **broyées** pour faire la pâte de cacao.

Cette pâte est amère. On y ajoute du sucre pour en faire du **chocolat**.

D'OÙ VIENT LE SUCRE ?

Bonbons, sucettes, gâteaux… Le sucre sert à fabriquer de nombreux aliments. Il est extrait de deux plantes : la canne à sucre et la betterave sucrière.

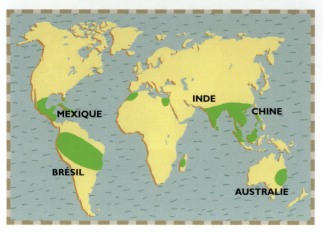

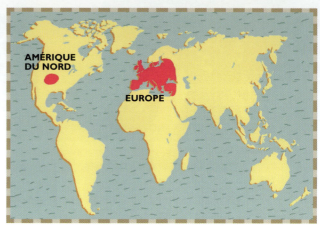

LA CANNE À SUCRE

La canne à sucre est une plante des **pays chauds et humides**. Les grandes plantations se trouvent au **Brésil**, au **Mexique**, en **Chine**, en **Inde** et en **Australie**.

LA BETTERAVE SUCRIÈRE

La betterave sucrière est une plante des **pays tempérés**. Elle pousse essentiellement en **Europe** et en **Amérique du Nord**.

Pour faire des **confiseries**, il faut du sucre que l'on transforme, parfume, colore… ou que l'on mélange à d'autres ingrédients comme le cacao.

La **canne à sucre** est une longue plante qui ressemble à un bambou. Elle peut atteindre plusieurs mètres.

Quand elles sont hautes, on coupe les tiges à ras du sol car le sucre est **concentré en bas de la tige.** Cette opération se fait encore souvent à la main.

Les tiges de la canne à sucre, débarrassées de leurs feuilles, sont **broyées** dans des moulins.

On obtient un **jus sucré**, le vesou. On le fait chauffer. Des cristaux de sucre se forment.

Les cristaux sont bruns. Pour qu'ils deviennent blancs, il faut les **filtrer** et les **nettoyer**.

Les **betteraves sucrières** ont de grosses racines qui contiennent un jus sucré.

On récolte les betteraves à l'automne. On les coupe en lamelles, les **cossettes**.

Les cossettes sont mises à **tremper**. Un jus sucré se forme, dont on tire le sucre.

D'OÙ VIENT LE CAFÉ ?

**Le café est une boisson consommée dans le monde entier.
Cette boisson est faite à partir d'un fruit : celui du caféier, un arbuste qui pousse
dans les régions tropicales, chaudes et humides.**

MEXIQUE

COLOMBIE

CÔTE
D'IVOIRE

BRÉSIL

les pays
producteurs
de café

Les grands pays producteurs de café sont des pays d'Amérique du Sud : le **Brésil**, qui fournit à lui seul la moitié de la production mondiale, la **Colombie** et le **Mexique** ; ainsi que certains pays d'Asie ou d'Afrique, comme la **Côte d'Ivoire**.

Le café a donné son nom à l'endroit où on en boit : le café. Le café contient
une substance excitante, la **caféine**. C'est pourquoi il n'est pas bon d'en abuser.

Le caféier est un arbuste qui peut atteindre 10 mètres de haut. On le cultive dans de grandes **plantations**. Les arbustes sont taillés pour rendre la cueillette plus facile.

Quand les fruits sont mûrs, ils sont **cueillis** à la main ou à l'aide de peignes.

Le fruit du caféier est une petite boule rouge. On l'appelle une **cerise**.

La cerise contient **deux grains** : ce sont les grains de café.

On fait alors **griller** ces grains, qui deviennent marron foncé. C'est la **torréfaction**.

Pour faire du café, il faut réduire ces grains en poudre, les **moudre**.

On peut acheter des paquets de **café en grains** ou déjà **moulu**.

D'OÙ VIENT LE THÉ ?

**Le thé est la boisson la plus consommée dans le monde, après l'eau.
On en boit depuis presque 5 000 ans en Chine.
Le mot thé vient du chinois *cha* (que l'on prononce tcha).**

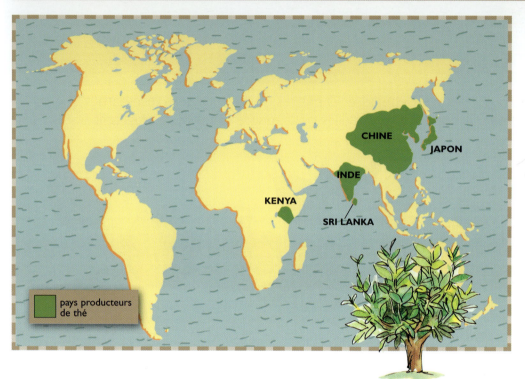

pays producteurs
de thé

Le thé est fait avec les feuilles d'un arbuste, le **théier**. Cet arbuste est cultivé surtout dans les régions tropicales d'Asie. Les grands pays producteurs et buveurs de thé sont l'**Inde**, la **Chine**, le **Sri Lanka**, le **Japon**, et aussi le **Kenya** en Afrique.

Le thé est cultivé dans des plantations que l'on appelle «jardins». Dans la plupart des pays, sauf au Japon, la **cueillette** se fait encore à la main.

Ce sont essentiellement les **femmes** qui sont chargées de la cueillette.

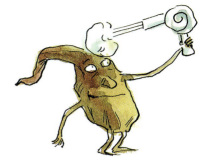

Les meilleurs thés sont faits avec les **bourgeons** (pekoe) et les premières feuilles de chaque pousse.

Les feuilles cueillies sont laissées à l'air libre. Elles se **flétrissent** et passent du **vert** au **brun**.

Après les avoir roulées pour qu'elles **fermentent** quelques heures, on les met enfin à **sécher**.

Le **thé vert** est un thé qui a peu fermenté. Le **thé noir** a beaucoup fermenté. Les feuilles de thé sont expédiées dans le monde entier.

Au Japon, prendre le thé est une véritable **cérémonie**.

Les Japonais boivent le thé dans de petits **bols de porcelaine**.

Le thé japonais est du **thé vert**. On le consomme nature, sans lait ni sucre.

D'OÙ VIENNENT LE BLÉ ET LE MAÏS ?

Le pain, les pâtes, les biscuits et les gâteaux sont faits avec les grains très nourrissants du blé. Les corn flakes du petit déjeuner sont faits avec du maïs. Le blé et le maïs sont des plantes appelées céréales.

On cultive le **blé** presque partout dans le monde. Les plus grandes exploitations de blé se trouvent en Amérique du Nord.

Avec les grains de blé, on fait de la **farine**. Avec de la farine, on peut faire du pain, des pâtes, des gâteaux, etc.

Le blé est cultivé dans d'**immenses champs**. Il est planté et récolté une seule fois par an.

Lorsque le blé est **mûr**, les **épis** sont bien **dorés**.

De grosses machines, les **moissonneuses-batteuses**, coupent les épis de blé dans les champs et recueillent les petits grains de blé.

Les grains de blé sont transformés en farine dans de grandes usines : les **minoteries**.

Le **maïs** est une plante qui demande beaucoup d'eau et de lumière pour pousser. Les principaux producteurs de maïs sont les **États-Unis** et la **Chine**.

Le maïs donne des **épis** beaucoup plus grands que les épis de blé. Les **grains** de maïs sont aussi plus gros que les grains de blé.

Quand ils sont prêts à être récoltés, les **plants de maïs** atteignent 2 à 3 mètres de haut.

Les agriculteurs utilisent aussi des **moissonneuses-batteuses** pour récolter le maïs. Ces machines séparent les grains des épis. On mange les grains de maïs. On peut aussi les transformer en **farine** ou en **huile**. Le **pop-corn**, aussi, est fait avec des grains de maïs.

D'OÙ VIENT LE RIZ ?

Le riz est un des aliments les plus consommés dans le monde.
Le riz est une plante qui a besoin de beaucoup d'eau.
Il est cultivé dans tous les pays d'Asie qui ont une longue saison des pluies.

ÉTATS-UNIS
BANGLADESH CHINE JAPON
INDE
VIÊT NAM
THAÏLANDE
INDONÉSIE

pays producteurs
de riz

Les plus grands producteurs de **riz** sont les pays d'Asie ; la **Chine** assure près du tiers de la production mondiale, mais il y a aussi l'**Inde**, l'**Indonésie**, le **Bangladesh** ou encore le **Viêt Nam**. Ces pays consomment presque tout le riz qu'ils cultivent. Celui que l'on achète vient des **États-Unis**, d'Inde et de **Thaïlande**.

Le riz est la principale nourriture en Asie. On en mange à **tous les repas**.

Le riz est servi dans de **petits bols**.

En Asie, on mange le riz avec des **baguettes**.

Le riz pousse dans des champs inondés : les **rizières**.
Sa culture demande beaucoup de travail, les pieds dans l'eau.

Quand les grains ont poussé, il faut les **repiquer**, les planter dans les rizières.

Quand le riz est mûr, il faut le **récolter** !

Le riz est mûr quand les épis sont chargés de **grains dorés**.

Autrefois, on battait le riz à la main pour **séparer les grains de la paille**.

Aujourd'hui, on passe les bottes de riz dans des **machines**.

Les grains sont **stockés** dans des silos pour les protéger de l'humidité et des animaux.

Aux États-Unis et au Japon, on récolte le riz avec des **machines**.

OÙ POUSSENT LES ORANGES ET LES BANANES ?

**Les oranges, les citrons, les clémentines… sont des agrumes.
Pour pousser, ces fruits ont besoin de soleil. C'est l'une des plus importantes
cultures de fruits dans le monde, avec celle des bananes.**

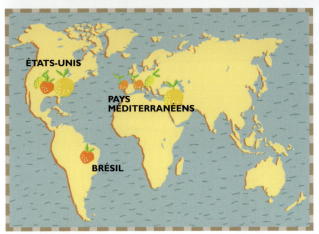

PAYS PRODUCTEURS D'AGRUMES

Les **agrumes** poussent dans les régions bien ensoleillées : aux **États-Unis**, au **Brésil** et dans les **pays méditerranéens**.

PAYS PRODUCTEURS DE BANANES

Pour pousser, les **bananes** ont besoin d'eau et de chaleur. Les principaux producteurs sont l'**Inde** et le **Brésil**.

Les agrumes sont riches en **vitamines** : vitamine C qui donne de l'énergie, vitamine A qui permet de bien grandir.

Autrefois, on récoltait les fruits à la main. Dans les **grandes plantations** d'agrumes, la récolte se fait à l'aide de **machines spécialisées**.

Le **citron** est le fruit
du citronnier. Il est acide.

L'**orange** est le fruit
de l'oranger. Un seul arbre
donne 1000 oranges par an.

La **mandarine** ressemble
à une petite orange. C'est
le fruit du mandarinier.

Le **pamplemousse** est le plus
gros agrume. Il peut être
jaune, blanc ou rose.

Le **cédrat** est le fruit
du cédratier. On en fait
des fruits confits.

Les **bananes** poussent en
grappes : les régimes.

Le **bananier** est un grand
arbre, qui peut atteindre
6 mètres de haut.

Il porte plusieurs **régimes**,
qui peuvent compter jusqu'à
200 bananes…

Il existe des centaines
de **variétés** de bananes.
La plupart sont jaunes,
mais certaines sont roses,
rouges ou vertes.

OÙ ÉLÈVE-T-ON DES VACHES ET DES COCHONS ?

Partout dans le monde, on élève des vaches : pour leur viande, que l'on appelle « viande de bœuf », pour leur lait et pour le cuir.
Les cochons sont des porcs élevés pour leur viande.

LES VACHES

C'est aux **États-Unis** que se trouvent les plus grands élevages de bœufs pour la boucherie.

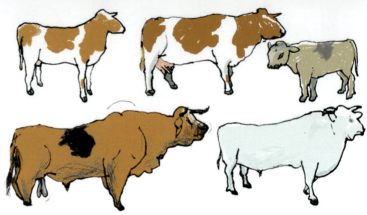

La famille de la vache : le mâle s'appelle le **taureau**, le petit le **veau**, la jeune vache, la **génisse**. Le bœuf est élevé pour sa viande.

Avec le lait des vaches, on fabrique des **produits laitiers** : beurre, fromages, yaourts, etc.

Le boucher découpe la viande en **morceaux** qui portent chacun un nom bien précis.

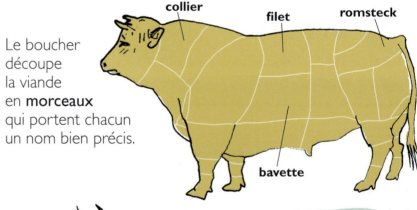

collier   filet   romsteck

bavette

Avec la peau, on fait du **cuir** pour fabriquer des chaussures, des sacs…

En Afrique, on élève des **buffles**, cousins de la vache.

Dans les pays chauds, on élève des bœufs à bosse, les **zébus**.

LES COCHONS

Les plus grands élevages de cochons se trouvent en **Chine**.

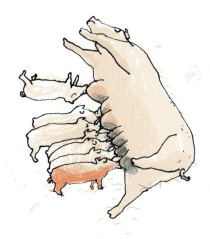

Une truie a en général **une dizaine** de porcelets par portée.

La famille du cochon :
Le mâle s'appelle le **verrat**, la femelle la **truie**, les petits les **porcelets**.
Les cochons sauvages sont souvent noirs.

En France, il existe plusieurs races de cochons :

Le **porc gascon** est entièrement noir.

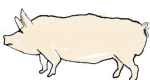

Le **porc blanc de l'Ouest** est tout rose.

Le **porc de Bayeux** est tacheté de noir.

Le **sanglier** est un porc sauvage.

Avec la viande des cochons, on fait de la **charcuterie** : saucisses, jambons, saucissons.

OÙ ÉLÈVE-T-ON DES CHÈVRES ET DES MOUTONS ?

Moutons et brebis sont élevés pour leur laine, leur viande et leur lait dans de grands pâturages où ils peuvent paître à longueur de journée. Les chèvres sont surtout élevées pour leur lait.

LES CHÈVRES
Les grands élevages de chèvres se trouvent en **Inde** et en **Chine**.

Grâce à la forme particulière de leurs **sabots**, les chèvres et les boucs sont des animaux très agiles en montagne.

Avec le **lait** de chèvre, on fait des **fromages**. On tanne aussi la **peau** pour en faire du **cuir**.

LES MOUTONS

Les plus grands élevages de moutons
se trouvent en **Australie** et en **Nouvelle-Zélande**.

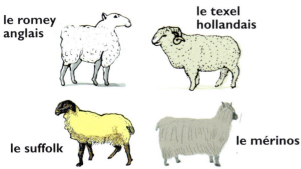

le romey
anglais

le texel
hollandais

le suffolk

le mérinos

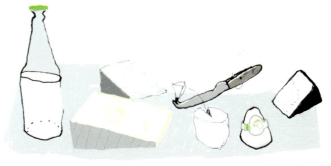

Il existe plus de **200 races** de moutons.
Certains sont élevés pour leur viande, d'autres
essentiellement pour leur laine.

Comme les vaches, les brebis donnent du lait
que l'on peut boire. Ce lait sert surtout à faire
des **fromages**.

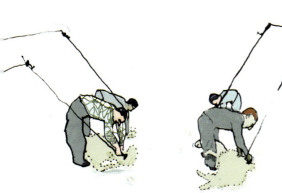

Quand la toison du mouton est bien épaisse,
les éleveurs la tondent. La **laine** est ensuite
nettoyée puis filée, pour en faire un fil de laine.

Le fil de laine est teint puis roulé en pelote pour
être **tricoté**. Dans les usines, on le tisse pour en
faire des vêtements ou des couvertures.

D'OÙ VIENT LE BOIS DES MEUBLES ?

Le bois sert à faire beaucoup de meubles… mais aussi du papier !
Les pins, les sapins et les épicéas de la forêt du Grand Nord sont les arbres les plus utilisés pour fabriquer des meubles ou du papier.

forêts
nordiques

Les forêts nordiques d'**Europe** et d'**Amérique** sont les plus grandes forêts du monde pour l'exploitation du bois.

Les **bûcherons** coupent le bois à l'aide d'une scie à moteur.

Les **troncs** coupés sont regroupés en tas, pour éviter qu'ils ne pourrissent.

Quand il n'y a pas de route, on fait descendre les troncs sur la **rivière**.

Des **camions** transportent les troncs jusqu'à la scierie.

Dans la **scierie**, des machines enlèvent l'écorce des troncs.

Des scies débitent les troncs en **planches**. Elles serviront à faire des meubles.

On fait de la **pâte à papier** avec des copeaux de bois et des produits chimiques.

Des rouleaux aplatissent la pâte à papier en grandes **feuilles**. En séchant, elles deviennent du papier.

Le papier est roulé en grosses **bobines**. Il servira à faire des cahiers, des livres, etc.

D'OÙ VIENT LE COTON ?

Les draps, les serviettes de toilettes et beaucoup de vêtements (jeans, chaussettes, tee-shirts, chemises ou culottes) sont souvent fabriqués avec du coton.

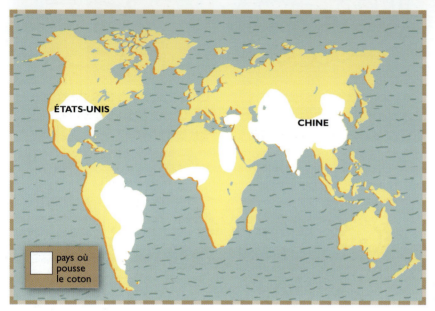

Le coton pousse dans les régions chaudes et humides. Aujourd'hui, plus de 70 pays en cultivent. Les plus gros producteurs sont la **Chine** et les **États-Unis**.

Le coton est le fruit d'un arbuste : le **cotonnier**.

Aux États-Unis, on cultive les cotonniers dans d'immenses **plantations**. Le fruit du cotonnier est une **capsule**. Quand cette capsule s'ouvre, elle ressemble alors à une boule de neige. Elle libère des petites fibres de coton.

Des machines munies de grands paniers aspirateurs récoltent les **capsules de coton**, en même temps que des morceaux de feuilles qu'il faudra ensuite trier.

Le coton est tassé puis compressé en **balles** pour qu'il prenne moins de place et qu'il soit plus facile à transporter vers les usines.

L'usine où l'on transforme le coton s'appelle une **filature**.

Dans les filatures, des machines démêlent le coton, le peignent, l'étirent en **fil**.

Après avoir été nettoyé et blanchi, le fil de coton peut être **teint** de toutes les couleurs.

Le fil de coton est tissé sur de grands **métiers**.

LE FIL DE COTON permet de fabriquer beaucoup de tissus : le tissu éponge tout moelleux, le velours tout doux, la toile solide des jeans, le satin brillant.

D'OÙ VIENT LE PÉTROLE ?

Le pétrole est une roche liquide de couleur brun-noir que l'on trouve dans le sous-sol de la Terre et dans les fonds marins. Certains pays sont particulièrement riches en pétrole, mais leurs réserves s'épuisent vite.

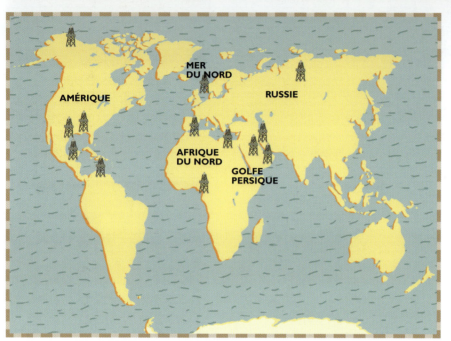

Les gisements de pétrole se trouvent en **Amérique**, en **Russie**, en **Afrique du Nord**, dans les pays du **golfe Persique** et en **mer du Nord**. Le pétrole représente une grande richesse, car il est devenu une source d'énergie indispensable aux hommes. Malheureusement, il pollue beaucoup la planète.

Le pétrole est un combustible : en le brûlant, on obtient de l'énergie. Il fournit de l'**essence** pour les voitures, du **kérosène** pour les avions, et du **gaz**. Il entre dans la fabrication de nombreux objets en plastique.

④ torchère

① derrick

trépan ②

③ conduit

nappe de pétrole

On extrait le pétrole en **forant** (creusant) des puits et en le pompant.

On appelle les gisements de pétrole sous la mer des **gisements off shore**. Pour extraire ce pétrole, on construit des plate-formes off shore.

Au-dessus du puits de forage, on installe un **derrick** (1) équipé d'une énorme perceuse, appelée **trépan** (2). Le trépan s'enfonce en broyant les roches et **creuse** un conduit (3).
Dans ce conduit, on installe un tuyau par où passe le pétrole quand il jaillit. Des gaz s'échappent en même temps. Ils sont brûlés dans une **torchère** (4).

POMPE À BALANCIER

Les premiers gisements découverts aux États-Unis n'étaient pas profonds. Le pétrole était pompé par de simples pompes à balancier.

QUE FAIT-ON DU PÉTROLE ?

**Le pétrole extrait du sous-sol est inutilisable. Il faut le transformer.
Cette transformation se fait dans des raffineries, à côté des lieux de gisement,
mais aussi à des milliers de kilomètres de là.**

Les usines dans lesquelles le pétrole est transformé s'appellent des **raffineries**.
Le pétrole brut est acheminé vers ces usines par d'immenses tuyaux, les **pipelines**
(oléoducs ou gazoducs). Pour raffiner le pétrole, il faut le chauffer dans de très grandes
colonnes qui dégagent beaucoup de fumée.

Les colonnes dans lesquelles le pétrole est raffiné s'appellent des **colonnes de distillation**. Selon la température à laquelle on chauffe le pétrole, on obtient différents produits :
à 30° : on obtient du gaz,
à 120° : de l'essence,
à 250° : du kérosène,
à 360° : du fioul.

Le pétrole peut aussi être transporté à bord d'immenses navires, les **superpétroliers** ou tankers, capables de contenir jusqu'à 500 000 tonnes de pétrole brut.

Ces gigantesques bateaux déchargent le pétrole dans des ports spécialement conçus pour eux : les **ports pétroliers**.
De plus en plus de superpétroliers naviguent sur toutes les mers du globe.

Le pétrole entre dans la fabrication de nombreux **objets en plastique**…

… et d'**habits** : imperméables, collants, etc.

Quand les superpétroliers s'échouent sur une côte, le pétrole se répand en immenses nappes visqueuses qui ressemblent à du goudron : les **marées noires**. Les oiseaux marins s'engluent dedans, les plages sont polluées.

L'Europe est constituée de plus de 40 pays. Le plus grand est la Russie.
Certains pays sont très petits, comme Monaco, Andorre ou l'État du Vatican.
D'autres, comme la Russie, sont à la fois en Europe et en Asie.

Nord

Ouest   Est

Sud

OURAL

L'Europe s'arrête
à l'Oural.

20

14

32

42

13

23

37

19   11   25   37

16   6

33   5   26   2   44   34   45

24   40

15   4   18

43   41   29

30   38   10   36

7   39   22   8

3   46   31   27

35   12   21   1

17

28   9

Albanie — Tirana

2 **Allemagne*** — Berlin

3 **Andorre** — Andorre

4 **Autriche*** — Vienne

5 **Belgique*** — Bruxelles

6 **Biélorussie** — Minsk

Bosnie-Herzégovine — Sarajevo

8 **Bulgarie*** — Sofia

9 **Chypre*** — Nicosie

10 **Croatie** — Zagreb

11 **Danemark*** — Copenhague

12 **Espagne*** — Madrid

Estonie* — Tallinn

14 **Finlande*** — Helsinki

15 **France*** — Paris

16 **Grande-Bretagne*** — Londres

17 **Grèce*** — Athènes

18 **Hongrie*** — Budapest

Irlande* — Dublin

20 **Islande** — Reykjavik

21 **Italie*** — Rome

22 **Kosovo** — Priština

23 **Lettonie*** — Riga

24 **Liechtenstein** — Vaduz

Lituanie* — Vilnius

26 **Luxembourg*** — Luxembourg

27 **Macédoine** — Skopje

28 **Malte*** — La Valette

29 **Moldavie** — Chisinau

30 **Monaco** — Monaco

Monténégro — Podgorica

32 **Norvège** — Oslo

33 **Pays-Bas*** — Amsterdam

34 **Pologne*** — Varsovie

35 **Portugal*** — Lisbonne

36 **Roumanie*** — Bucarest

37 **Russie** — Moscou

38 **Saint-Marin** — Saint-Marin

39 **Serbie** — Belgrade

40 **Slovaquie*** — Bratislava

41 **Slovénie*** — Ljubljana

42 **Suède*** — Stockholm

43 **Suisse** — Berne

44 **(Rép.) Tchèque*** — Prague

45 **Ukraine** — Kiev

46 **État du Vatican**

27 pays se sont réunis pour former l'Union Européenne (UE). Les pays de l'Union Européenne sont signalés par un astérisque (*).

PAYSAGES D'EUROPE

L'Europe est un continent aux paysages très variés. Il y a beaucoup de différences entre les pays froids du Nord et les pays ensoleillés du Sud.

En Europe, il y a de hautes et jeunes montagnes comme les Alpes, et des montagnes anciennes aux sommets arrondis. L'Europe est séparée de l'Asie par les monts Oural. Au centre, il y a une immense plaine.

Océan Atlantique

Mer du Nord

Mer Baltique

Rhin

Seine

Loire

Dniepr

ALPES

PYRÉNÉES

CARPATES

Danube

Me Noir

Mer Méditerranée

Afrique

Il y a des **forêts tempérées**, qui changent de couleur selon les saisons.

Autour de la **Méditerranée**, il fait chaud. La campagne sent bon le pin et la lavande.

En Europe, il y a de hautes montagnes, comme les **Alpes**.

Le centre de l'Europe est une **grande plaine**.

Les **plages du Nord** sont bordées de dunes.

Les **pays du Nord** sont couverts de neige en hiver.

Au-dessous du **cercle polaire**, commence la toundra.

Tout au nord de l'Europe il y a l'**océan glacial Arctique**.

Asie

OURAL

Mer Caspienne

Asie

- toundra
- plaine
- forêt nordique
- forêt tempérée
- montagnes
- volcans

EN FRANCE ET EN GRANDE-BRETAGNE

La France et la Grande-Bretagne sont deux pays situés à l'ouest de l'Europe, séparés par une mer, la Manche. La Grande-Bretagne est une île, alors que la France est rattachée au reste du continent européen.

La **France** tient dans une figure à 6 côtés : un hexagone. La France a un relief très varié : des côtes, des montagnes, des plaines. Son climat est tempéré.

Paris est la capitale de la France.

La France est un grand pays agricole. Dans beaucoup de régions, on cultive la **vigne**.

À l'intérieur du pays, il y a de grandes plaines où l'on cultive des **céréales**.

À l'ouest, la **Bretagne** s'avance dans la mer. C'est une région humide.

Au sud, c'est le **Midi**, bordé par la mer Méditerranée. Il y fait très chaud l'été.

Le **château de Versailles** est très célèbre. Il a été construit pour le roi Louis XIV.

La **cuisine française** est très réputée. Pour le petit déjeuner, les Français mangent de la baguette de pain ou des croissants.

La Grande-Bretagne est une île. Elle comprend l'Angleterre, l'Écosse et le pays de Galles. Avec l'Irlande du Nord, elle forme le Royaume-Uni.

Londres est la capitale du Royaume-Uni.

Au Royaume-Uni, le chef d'État est une **reine**.

Pour le petit déjeuner, les Anglais boivent du **thé** et mangent des **toasts**.

L'**Écosse** est une région de collines et de landes. Les habitants conservent des traditions originales, comme le **kilt**, une jupe en laine à carreaux que portent les hommes.

L'**Irlande** est une grande île, à l'ouest de la Grande-Bretagne.

En Irlande, il pleut souvent. Sur les **collines verdoyantes** paissent des troupeaux de moutons.

Les Irlandais aiment se retrouver au **pub**, pour discuter et chanter.

EN ESPAGNE ET AU PORTUGAL

En Espagne et au Portugal, le climat est agréable : il fait beau et chaud en été, doux en hiver. On y cultive les olives, la vigne et les oranges. Les côtes sont bordées par de nombreuses et belles plages.

Le **flamenco** est la danse traditionnelle d'Andalousie, région du sud de l'Espagne.

Les Espagnols apprécient la **tauromachie** qui oppose dans une arène un homme, le torero, à un taureau.

L'**Espagne** est située au sud de l'Europe. Elle est séparée de la France par les montagnes des Pyrénées, et de l'Afrique par la mer Méditerranée.
La capitale de l'Espagne est **Madrid**.

Les **plages** sont soit sur l'Atlantique, soit sur la mer Méditerranée.

Dans les bars, on mange des **tapas**.

La **paella** est un plat traditionnel à base de riz, de grosses crevettes, les gambas, de moules et de poulet.

La **Castille** est la grande région du centre de l'Espagne.

À **Barcelone**, on peut voir une église extraordinaire appelée la Sagrada Familia.

Le **Portugal** est un petit pays tout en longueur, au bord de l'océan Atlantique. Sa capitale est **Lisbonne**.

Le Portugal est un pays où l'**agriculture** joue un rôle très important.

La **cuisine** portugaise est à base de poissons, comme la morue séchée, de riz, de choux…

Lisbonne est surnommée la ville blanche aux sept collines. Ses **tramways** sont célèbres.

Les **pêcheurs** portugais attrapent des thons, des sardines et des morues.

Les plages de l'**Algarve**, au sud, attirent les touristes.

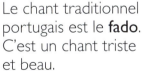

Le chant traditionnel portugais est le **fado**. C'est un chant triste et beau.

Les maisons anciennes de Lisbonne sont décorées d'**azulejos**, des carreaux de faïence bleue.

EN ITALIE ET EN GRÈCE

L'Italie et la Grèce sont deux pays du Sud de l'Europe, entourés par la mer Méditerranée. Il y fait beau une grande partie de l'année. Ce sont deux pays d'anciennes civilisations.

La ville de **Pise** est célèbre pour sa tour penchée. **Venise** est une ville construite sur des canaux. Il n'y a pas de voitures. On y circule en bateau ou en gondole.

L'**Italie** a la forme d'une botte. Deux grandes îles, la Sardaigne et la Sicile, appartiennent à l'Italie. Il y a beaucoup de très belles villes en Italie. **Rome** est la capitale de l'Italie.

À **Rome**, dans l'Antiquité, c'est au **Colisée** que se déroulaient les combats de gladiateurs.

Les Italiens aiment **se réunir** en famille. Chaque repas commence par des pâtes.

En Italie, on cultive le blé, la vigne, les olives, les fruits et les légumes.

Le pape, le chef de l'Église catholique, réside au **Vatican**, à Rome.

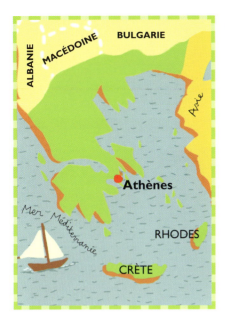

La ville d'**Athènes** est dominée par **l'Acropole**, un ensemble de temples antiques. Le plus célèbre est le Parthénon. Il a été construit, il y a 2 500 ans, pour la déesse Athéna, protectrice d'Athènes.

La **Grèce** ressemble à une main qui s'avance dans la mer. Elle compte plus de 2 000 îles. Les deux plus grandes sont Rhodes et la Crète. La Grèce est un grand pays de tourisme grâce à ses plages et ses monuments antiques. **Athènes** est la capitale de la Grèce.

La Grèce est le pays de la **mer**. La pêche, le commerce et le tourisme sont ses principales activités.

La campagne grecque offre des champs d'oliviers et de vignes à perte de vue. Partout, il y a des **monuments** antiques.

Dans les restaurants en plein air, on déguste des salades et des poissons grillés. On joue de la musique et on danse le **sirtaki**.

AU CŒUR DE L'EUROPE

Au cœur de l'Europe, il y a des pays de montagnes : l'Autriche et la Suisse, et des pays plats, au bord de la mer : les Pays-Bas, la Belgique. L'Allemagne est un pays plat au nord et de montagnes au sud.

L'**Allemagne** est un pays très peuplé. La capitale est **Berlin**. Il y a beaucoup de grandes villes.

L'**Allemagne** est réputée pour ses voitures et ses machines. Les **châteaux de Bavière** sont célèbres. Tous les ans, en octobre, il y a une grande fête de la bière à **Munich**.

Une grande partie de l'**Autriche** s'étend sur les Alpes. La capitale est **Vienne**.

L'**Autriche** est un pays touristique. Les villages de montagne ont gardé leurs beaux chalets. L'impératrice **Sissi** a vécu dans le palais de Schönbrunn, près de Vienne.

La **Suisse** est un petit pays. La capitale est **Berne**.

La **Suisse** est un pays riche, grâce à ses nombreuses **banques**. Dans les Alpes suisses, les paysans élèvent des vaches. Avec leur lait, on fait du **fromage** et du **chocolat**.

La **Belgique** et les **Pays-Bas** sont des petits pays, voisins de la France et de l'Allemagne.

Les habitants des **Pays-Bas** sont très nombreux. Ils ont agrandi leur pays en construisant des digues et des canaux pour gagner des terres sur la mer. On appelle ces terres des **polders**.

Il y a beaucoup de **moulins** aux Pays-Bas. Ils servaient à pomper l'eau des polders.

Il y a deux capitales aux Pays-Bas : **Amsterdam** et **La Haye**. Les maisons d'Amsterdam sont construites sur des canaux. Les habitants des Pays-Bas se déplacent souvent à **vélo**.

Bruxelles est la capitale de la **Belgique**. Un musée est consacré à la bande dessinée. De nombreux créateurs de BD sont belges, comme Hergé, le père de Tintin.

EN RUSSIE ET EN EUROPE CENTRALE

La Russie est un immense pays, qui s'étale largement sur deux continents : l'Europe et l'Asie. La Russie réunit de nombreux peuples parlant des langues différentes.

La chaîne de montagnes de l'Oural sépare la **Russie** d'Europe (en vert sur la carte) de la Russie d'Asie (en jaune). Mais la Russie ne forme qu'un seul pays. La capitale de la Russie est **Moscou**.

En Russie, les **hivers** sont très froids.

La **mer Noire**, au sud de la Russie, est une région très touristique

Les églises orthodoxes russes ont souvent des **clochers à bulbes**.

Le **Kremlin**, à Moscou, est l'ancien palais des tsars, les empereurs de Russie.

Saint-Pétersbourg est une très belle ville. Elle s'est aussi appelée Petrograd et Leningrad.

La **République tchèque**, la **Roumanie**, la **Hongrie**, la **Pologne** et la **Slovaquie** sont situées au centre de l'Europe. C'est pourquoi on les appelle les pays d'Europe centrale.

La **Roumanie** est un pays de montagnes. C'est là, dit-on, qu'aurait vécu le vampire **Dracula**. La capitale est **Bucarest**.

La capitale de la **Hongrie** est **Budapest**, Ses bains d'eau chaude sont réputés.

Prague est la capitale de la **République tchèque**. C'est une très belle ville, célèbre pour ses palais, ses églises, son pont et son château.

En **Pologne**, il y a de grands chantiers navals sur la mer Baltique. La capitale est **Varsovie**.

DANS LES PAYS DU NORD

La grande région du Nord de l'Europe s'appelle la Scandinavie. Elle comprend la Norvège, la Suède, la Finlande, le Danemark et l'Islande. Les régions les plus au nord sont traversées par le cercle polaire.

Les pays scandinaves sont des pays froids, en grande partie couverts de forêts. C'est en **Norvège** que le ski a été inventé.

Beaucoup de maisons sont en **bois**, peintes de **couleurs vives**.

Les pays scandinaves sont bordés par la mer. En Norvège, la mer qui pénètre entre les montagnes de la côte forme des **fjords**.

La Norvège, le Danemark, la Suède ont des **rois** ou des **reines** : ce sont des monarchies.

Le sauna a été inventé en **Finlande**.

C'est un bain de vapeur brûlant. Après un sauna, on se baigne dans de l'eau très froide.

La Petite Sirène, héroïne de l'écrivain danois Andersen, garde l'entrée de **Copenhague**, la capitale du **Danemark**.

Le jeu de **Lego** vient du Danemark. Legoland est un célèbre parc d'attractions entièrement construit en briques de Lego.

Stockholm est la capitale de la **Suède**.

Dans ces pays, en hiver, les nuits sont très longues. Le 13 décembre, on célèbre la **Sainte-Lucie**, fête de la Lumière.

L'**Islande** est une grande île, située juste en dessous du cercle polaire arctique. La capitale est **Reykjavík**.

L'Islande est un pays de **volcans**. Il y a aussi de nombreux **geysers**, des sources d'eau chaude qui jaillissent de la Terre.

LES ANIMAUX QUI VIVENT EN EUROPE

L'Europe offre des paysages très variés. Les espèces d'animaux y sont donc nombreuses et diverses car la nourriture est abondante. Les forêts abritent beaucoup d'animaux : oiseaux, insectes, mammifères…

Dans les **forêts des pays tempérés**, les oiseaux se nourrissent de fruits et d'insectes. Les renards s'attaquent aux souris, aux mulots et aux jeunes lapins. Les cerfs et les sangliers sont la cible des chasseurs.

Les **forêts nordiques** sont couvertes de neige une partie de l'année. Seuls les animaux les plus résistants au froid parviennent à y vivre, comme les rennes ou les loups.

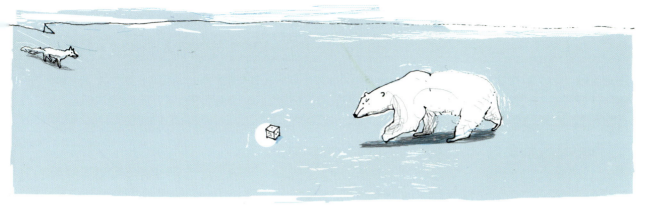

Dans les **régions polaires**, le vent et le froid empêchent la végétation de pousser. Seuls les animaux couverts d'un épais manteau de fourrure qui se confond avec la glace, comme les ours ou les renards polaires, peuvent y vivre.

Dans les **régions méditerranéennes**, les étés sont chauds et secs. C'est le domaine des petits animaux qui aiment le soleil : les lézards, les cigales, les grillons ou les couleuvres.

Dans les **montagnes** d'Europe vivent des animaux capables de survivre au long hiver. Chamois et bouquetins escaladent les parois rocheuses. En hiver, les marmottes hibernent ! En été, comme les lapins, elles doivent se méfier des aigles qui les chassent.

LES PAYS D'AFRIQUE ET LEURS DRAPEAUX

L'Afrique est divisée en de très nombreux pays. On peut les regrouper par grandes régions géographiques : le Maghreb au nord, le Sahel, les pays de la mer Rouge, l'Ouest, le Centre, l'Est et le Sud.

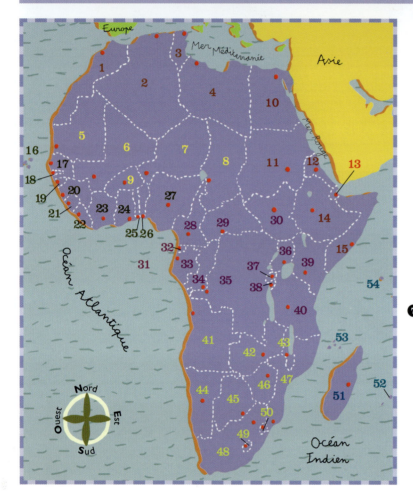

LES PAYS DU SAHEL

Les pays du Sahel s'étendent entre le désert du Sahara et la forêt équatoriale. Ces pays sont perpétuellement menacés de **sécheresse**. Ils font partie des pays les plus pauvres du monde.

5 Mauritanie
Nouakchott

6 Mali
Bamako

7 Niger
Niamey

8 Tchad
N'Djamena

9 Burkina
Ouagadougou

LES PAYS DE LA MER ROUGE

La mer Rouge est une petite mer qui sépare l'**Afrique** de l'**Asie**. Plusieurs pays bordent la mer Rouge. C'est sans doute là que sont apparus les premiers hommes.

10 Égypte
Le Caire

11 Soudan
Khartoum

12 Érythrée
Asmara

13 Djibouti
Djibouti

14 Éthiopie
Addis-Abeba

15 Somalie
Mogadiscio

LES PAYS DU MAGHREB

Les pays d'Afrique du Nord, appelés aussi pays du **Maghreb**, sont bordés au nord par la mer Méditerranée ; au sud, ces pays sont, en grande partie, recouverts par le désert du **Sahara**.

1 Maroc
Rabat

2 Algérie
Alger

3 Tunisie
Tunis

4 Libye
Tripoli

L'OUEST DE L'AFRIQUE

Les pays de l'ouest de l'Afrique (l'Afrique occidentale) sont situés au bord de l'**océan Atlantique**. Le Nigeria est le pays le plus peuplé d'Afrique.

16 Cap-Vert
Praia

17 Sénégal
Dakar

18 Gambie
Banjul

19 Guinée-Bissau
Bissau

20 Guinée
Conakry

21 Sierra Leone
Freetown

22 Liberia
Monrovia

23 Côte d'Ivoire
Yamoussoukro

24 Ghana
Accra

25 Togo
Lomé

26 Bénin
Porto-Novo

27 Nigeria
Abuja

LE SUD DE L'AFRIQUE

Le sud de l'Afrique compte deux déserts : le désert du **Namib** et celui du **Kalahari**. Il y a aussi de grandes étendues de savane.

41 Angola
Luanda

42 Zambie
Lusaka

Malawi
Lilongwe

44 Namibie
Windhoek

45 Botswana
Gaborone

46 Zimbabwe
Harare

zambique
Maputo

48 Afrique du Sud
Pretoria, Le Cap

49 Lesotho
Maseru

50 Swaziland
Mbabane

LE CENTRE DE L'AFRIQUE

Le centre de l'Afrique est traversé par de grands **fleuves.** Une partie de ces pays est couverte de forêts denses et de savanes où vivent les grands animaux.

28 Cameroun
Yaoundé

29 République Centrafricaine
Bangui

30 Soudan du sud
Juba

31 São Tomé et Príncipe
São Tomé

32 Guinée équatoriale
Malabo

33 Gabon
Libreville

34 Congo
Brazzaville

35 Rép. dém. du Congo
Kinshasa

36 Ouganda
Kampala

37 Rwanda
Kigali

38 Burundi
Bujumbura

39 Kenya
Nairobi

40 Tanzanie
Dar es-Salaam

LES ÎLES DE L'OCÉAN INDIEN

Au large de l'Afrique, l'océan Indien est parsemé de plusieurs îles, plus ou moins grandes, plus ou moins peuplées. **Madagascar** est la plus grande.

51 Madagascar
Antananarivo

52 Maurice
Port Louis

53 Moroni

54 Seychelles
Victoria

PAYSAGES ET HABITANTS D'AFRIQUE

L'Afrique est traversée par l'équateur et les tropiques. Partout, il fait chaud : très chaud et sec dans les déserts, chaud et humide dans les forêts. Beaucoup de villes sont construites au bord de la mer.

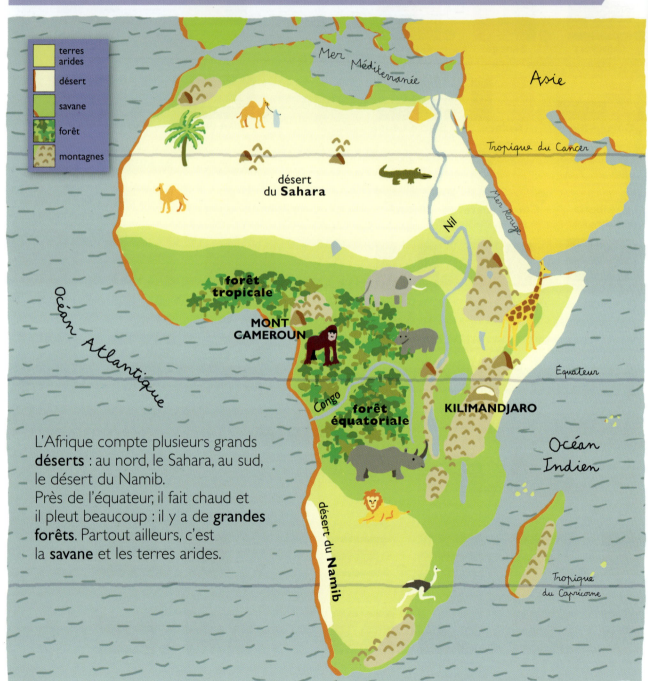

terres arides
désert
savane
forêt
montagnes

Mer Méditerranée

Asie

Tropique du Cancer

Mer Rouge

désert du **Sahara**

Nil

forêt tropicale

Océan Atlantique

MONT CAMEROUN

Congo

forêt équatoriale

KILIMANDJARO

Équateur

Océan Indien

désert du **Namib**

Tropique du Capricorne

L'Afrique compte plusieurs grands **déserts** : au nord, le Sahara, au sud, le désert du Namib.
Près de l'équateur, il fait chaud et il pleut beaucoup : il y a de **grandes forêts**. Partout ailleurs, c'est la **savane** et les terres arides.

En Afrique, il n'y a pratiquement pas d'habitants dans les zones de désert, de forêts et de savane sèche. Les habitants sont concentrés dans des villes gigantesques, au bord de la mer ou le long des fleuves.

Les plus grandes villes d'Afrique sont **Le Caire** en Égypte et **Lagos** au Nigeria.

La plupart des pays africains ont été longtemps **colonisés**, c'est-à-dire occupés et dirigés par des pays étrangers. Aujourd'hui, les pays d'Afrique sont indépendants.

À cause des guerres, beaucoup de familles sont obligées de vivre dans des **camps de réfugiés** où les conditions sont difficiles.

EN AFRIQUE DU NORD

Au nord de l'Afrique, il y a quatre pays : le Maroc, l'Algérie, la Tunisie et la Libye. On les appelle les pays du Maghreb. Ce sont des pays arabes. En arabe, « maghreb » veut dire « à l'ouest, là où le soleil se couche ».

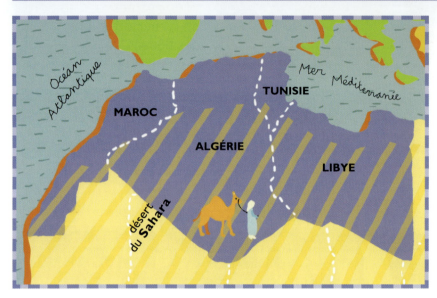

Dans les **villages de montagne**, les maisons ont des fenêtres étroites pour que le soleil ne puisse pas entrer en été, ni le froid en hiver.

Les pays du Maghreb sont bordés par la **mer Méditerranée** et l'**océan Atlantique**. Le désert du **Sahara** occupe une très grande partie de ces pays. La plupart des habitants vivent au bord de la mer ou dans les montagnes.

En Afrique du Nord, on mange du **couscous** (de la semoule) servi avec des boulettes ou des brochettes de viande, des pâtisseries aux amandes et au miel. On boit du thé très sucré.

Les **souks** sont de grands marchés couverts. Les artisans y fabriquent et y vendent des objets de toutes sortes : poteries, tapis, objets en cuir, bijoux, etc.

La plupart des habitants d'Afrique du Nord sont musulmans. Dans toutes les villes, il y a de belles **mosquées**.

Sur les fenêtres, les **moucharabiehs** sont de fins et jolis grillages en bois qui permettent de voir sans être vu.

Autrefois, les chefs ont fait construire des forteresses : les **casbahs**.

Dans le Sahara, à certains endroits, il y a de l'eau : ce sont les **oasis**.

Les **Touareg** vivent dans le Sahara. Ce sont des nomades.

Dans le sous-sol du désert du Sahara, il y a du **pétrole** et du **gaz**.

AUTOUR DE L'ÉGYPTE

Situé entre la mer Méditerranée et la mer Rouge, au nord-est de l'Afrique, l'Égypte est le pays des pharaons. Presque tout le pays est désertique. Les Égyptiens vivent au bord du Nil.

Le Caire est la capitale de l'**Égypte**. Située sur le delta du Nil, c'est l'une des villes les plus peuplées d'Afrique. Elle compte de nombreux monuments, dont beaucoup de mosquées.

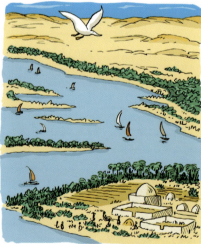

Vus d'avion, les bords du **Nil** tracent une longue bande verte au milieu du désert.

Le Nil est l'un des plus longs fleuves du monde, il traverse le **Soudan** et l'Égypte. Depuis l'Antiquité, les hommes se sont concentrés sur les bords du Nil, profitant de ses crues pour cultiver les terres.

Pour empêcher le Nil de déborder, les Égyptiens ont construit un immense barrage, le **barrage d'Assouan.**

La **mer Rouge** sépare l'Afrique de l'Asie. Elle abrite de très beaux récifs coralliens et de nombreuses espèces de poissons.

Les pharaons de l'Antiquité faisaient construire des pyramides, véritables palais des morts. Les trois grandes **pyramides**, à côté du Caire, sont les plus célèbres.

À la mort des pharaons, leur corps momifié était placé dans un cercueil appelé **sarcophage**, puis déposé dans les pyramides ou dans les grands tombeaux au bord du Nil.

L'**Éthiopie** souffre beaucoup de la sécheresse. C'est l'un des pays les plus pauvres du monde. C'est aussi en Éthiopie que l'on a retrouvé les plus vieux squelettes des ancêtres de l'homme. C'est pourquoi on l'appelle « le berceau de l'humanité ».

DANS LES PAYS DU SAHEL

Les pays du Sahel sont situés en bordure du Sahara : ils sont presque entièrement recouverts par les sables du désert. Ils font partie des pays les plus pauvres du monde, sans cesse menacés par la sécheresse.

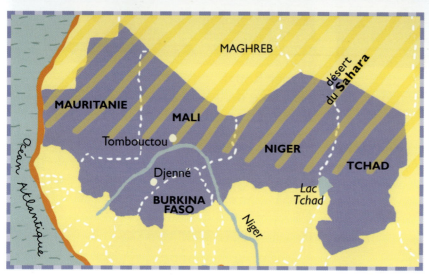

Les pays du Sahel forment une large **bande désertique** entre les pays du Maghreb au nord, et la forêt équatoriale, au sud. La sécheresse y est de plus en plus importante et le désert grandit.

Il pleut très peu. L'eau est rare et les hommes doivent parcourir de grandes distances à pied pour trouver des **puits** avec de l'eau.

Les **Touareg** du Sahara portent de longs foulards bleu foncé pour se protéger du soleil et des vents de sable. C'est pourquoi on les appelle « les hommes bleus du désert ».

Les Dogon sont un peuple d'agriculteurs. Ils vivent au centre du **Mali**. Les sculptures dogon sont très belles.

Djenné, au **Mali**, est célèbre pour sa très belle mosquée en terre rouge.

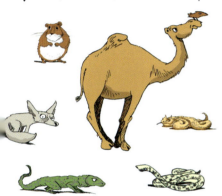

Les **animaux du désert** sont bien adaptés à la chaleur et la sécheresse. Tous se contentent de peu d'eau.

Autrefois, les caravanes des marchands s'arrêtaient à **Tombouctou**, avant la longue traversée du désert.

Le **lac Tchad** est grand, mais peu profond : les pêcheurs lancent leurs filets au fond du lac…

Beaucoup d'habitants vivent près du fleuve **Niger**, un des grands fleuves d'Afrique.

Presque tous les habitants du Sahel sont des agriculteurs. Ils cultivent le **mil** et le **coton**.

Les femmes pilent les petits grains de mil pour en faire de la **farine**.

À L'OUEST DE L'AFRIQUE

Dans l'ouest de l'Afrique, près de l'équateur, il pleut beaucoup et il y a de nombreuses rivières. On y cultive des fruits tropicaux, du café, du cacao et de l'arachide… pour les vendre en Europe et en Amérique.

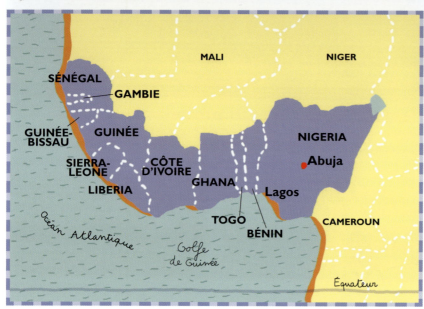

Une dizaine de petits pays bordent le golfe de Guinée, dans l'océan Atlantique. Le **Nigeria** est le pays le plus peuplé d'Afrique. La **Gambie** est le plus petit.

Certains peuples d'Afrique, qui parlent la même langue, vivent dans des pays différents. Les **Peuls**, par exemple, sont d'anciens bergers nomades. Ils vivent dans tout l'ouest de l'Afrique.

Au **Bénin**, certains villages sont construits sur l'eau. Les maisons sont sur pilotis.

La **pêche** en mer ou en rivière est une activité essentielle pour les habitants de ces pays.

Le **griot** est un poète et un conteur qui connaît l'histoire de son village et de tous ses habitants. Il raconte des histoires, accompagné d'un petit tambour, le tama. Les histoires des griots ne sont pas écrites. Ils les connaissent par cœur.

Les Africains sont très jeunes, les enfants sont très nombreux. Un Africain sur deux a **moins de 20 ans**.

En **Côte d'Ivoire**, on cultive des fruits tropicaux, comme les ananas et les bananes.

C'est aussi le pays des **cacaoyers**, dont les cabosses servent à faire du chocolat.

La cacahuète est la graine de l'arachide. On la mange grillée ou on en fait de l'huile. Il y a de grandes plantations d'arachides au **Sénégal**.

Lagos, au **Nigeria**, est la plus grande ville d'Afrique. Mais la capitale est **Abuja**.

PRÈS DE L'ÉQUATEUR

Le centre de l'Afrique est traversé par l'équateur. C'est pourquoi on appelle cette région l'Afrique équatoriale. Il y fait chaud et humide. Elle est en grande partie couverte par des forêts denses.

Le **Cameroun**, la **Guinée Équatoriale**, le **Gabon**, la **République démocratique du Congo** (appelée autrefois Zaïre), le **Congo**, l'**Ouganda**, le **Kenya**, la **Tanzanie** sont situés de part et d'autre de l'équateur.

Le Kilimandjaro, en Tanzanie, est la plus haute montagne d'Afrique. C'est un ancien volcan. Son sommet est couvert de neiges éternelles.

Les **Massaï** vivent au pied du Kilimandjaro. Très grands, élancés, les Massaï sont des éleveurs.

Le **fleuve Congo** est l'un des plus grands fleuves du monde. Il permet le transport des hommes et des marchandises.

La **forêt équatoriale** est humide et dense. Elle couvre 1 million de km², presque deux fois la France.

Les **Pygmées**, «les fils de la forêt», vivent dans la forêt équatoriale. Ils sont très petits. Ils vivent de chasse et de cueillette.

La forêt équatoriale abrite quantité d'animaux dont certains sont en voie de disparition : le mandrill (**1**), le pangolin (**2**), le mamba vert (**3**), le léopard (**4**), l'okapi (**5**), un cousin de la girafe, et la roussette (**6**), une chauve-souris qui se nourrit du nectar des fleurs.

Les **gorilles**, grands singes noirs menacés de disparition, vivent dans des réserves où on essaie de les protéger.

Le **Kenya** est un important pays agricole. Il y a de grandes plantations de thé et de café. On y cultive aussi les haricots verts.

AU SUD DE L'AFRIQUE

Le sud de l'Afrique est composé d'une multitude de pays. Les paysages sont très variés, avec de grandes réserves naturelles et des sous-sols très riches. Pendant longtemps, les Noirs et les Blancs n'ont pas été égaux.

La pointe de l'Afrique est divisée en plusieurs pays. Le Cap, en **Afrique du Sud**, est la ville la plus au sud de ce continent.

Les **chutes Victoria** sont parmi les plus grandes du monde.

Les **antilopes addax** vivent dans le désert du Namib.

Les **Zoulous** vivent en Afrique du Sud, au Zoulouland.

Le **Mozambique** est un pays situé dans la zone de passage des cyclones.

Il y a, en Afrique du Sud, de grandes **réserves naturelles**. Les lions, les girafes, les éléphants, les zèbres, les antilopes… parcourent ces réserves à la recherche de points d'eau. Les paysages sont magnifiques. Les touristes viennent y faire des safaris.

Le sous-sol de l'Afrique du Sud est très riche : des **mineurs** vont y chercher de l'or, des diamants, etc.

Longtemps, en Afrique du Sud, les Blancs et les Noirs n'ont pas eu les mêmes droits : pas le droit de prendre le même bus, d'aller dans les mêmes écoles, les mêmes hôpitaux, sur les mêmes plages… C'était l'**apartheid**, un mot qui veut dire séparation. Depuis peu de temps, l'apartheid a été supprimé.

LES ÎLES DE L'OCÉAN INDIEN

La côte est de l'Afrique est baignée par l'océan Indien. Au large de cette côte, se trouvent quelques-unes des plus belles îles du monde : les Seychelles, l'île Maurice, La Réunion. La plus grande est Madagascar.

Madagascar est plus grande que la France. C'est l'une des plus grandes îles du monde. Ses habitants s'appellent les Malgaches.

Le **dodo** était un gros oiseau, qui vivait à la Réunion et à l'île Maurice. Il était incapable de voler… Il a aujourd'hui complètement disparu.

Aux **Seychelles**, à l'**île Maurice**, les plages, bordées de cocotiers, sont magnifiques. L'eau est transparente. Les touristes peuvent s'y baigner toute l'année.

Antananarivo est la capitale de **Madagascar**. Les paysans malgaches vendent leurs fruits et légumes sur les marchés.

À Madagascar, poussent de nombreux **baobabs** : leur tronc est un réservoir d'eau.

l'hapalémur gris

le maki catta

le maki noir

Les **maisons** (ou les cases) des villages malgaches sont faites en torchis ou en bois. Certaines sont construites sur pilotis, pour les protéger de la pluie et des animaux.

Madagascar abrite des animaux uniques au monde, comme les **lémuriens**, qui ressemblent à de petits singes.

L'île de **La Réunion** est une île volcanique.

Les plantations de **cannes à sucre** couvrent la moitié de l'île.

LES PAYS D'ASIE ET LEURS DRAPEAUX

L'Asie est le plus grand des continents. On peut regrouper les pays d'Asie en grandes régions géographiques : le Proche-Orient, l'Asie centrale, l'Extrême-Orient, la péninsule indienne, le Sud-Est asiatique.

La Chine compte plus d'un milliard d'habitants, tout comme l'Inde.
C'est en Asie aussi que se trouvent les plus grandes villes du monde : Tokyo au Japon, Bombay ou Mumbai en Inde, etc.

1 Afghanistan
Kaboul

2 Arabie Saoudite
Riyad

3 Arménie
Erevan

4 Azerbaïdjan
Bakou

5 Bahreïn
Manama

6 Bangladesh

7 Bhoutan
Timbu

8 Birmanie
Rangoun

9 Brunei
Bandar
Seri Begawan

10 Cambodge
Phnom Penh

11 Chine
Pékin

12 Chypre
Nicosie

13 Corée du Nord
Pyongyang

14 Corée du Sud
Séoul

15 Émirats arabes
unis
Abu Dhabi

16 Géorgie
Tbilissi

17 Inde
New Delhi

18 Indonésie
Jakarta

19 Iran
Téhéran

20 Iraq
Bagdad

21 Israël
Jérusalem

22 Japon
Tokyo

23 Jordanie
Amman

24 Kazakhstan
Astana

25 Kirghizistan
Bichkek

26 Koweït
Koweït

27 Laos
Vientiane

28 Liban
Beyrouth

29 Malaisie
Kuala Lumpur

30 Maldives
Malé

31 Mongolie
Oulan-Bator

32 Népal
Katmandou

33 Oman
Mascate

34 Ouzbékistan
Tachkent

35 Pakistan
Islamabad

36 Philippines
Manille

37 Qatar
Doha

38 Russie
(Moscou, Russie
occidentale, Europe)

39 Singapour
Singapour

40 Sri Lanka
Colombo

41 Syrie
Damas

42 Tadjikistan
Douchanbe

43 Taïwan
Taipei

44 Thaïlande
Bangkok

45 Timor-Oriental
Dili

46 Turkménistan
Achgabat

47 Turquie
Ankara

48 Viêt Nam
Hanoi

49 Yémen
Sanaa

PAYSAGES D'ASIE

L'Asie est séparée de l'Europe par les monts Oural, et de l'Afrique par la mer Rouge. Cet immense continent s'étend des terres gelées de l'Arctique aux îles couvertes de forêts denses d'Indonésie.

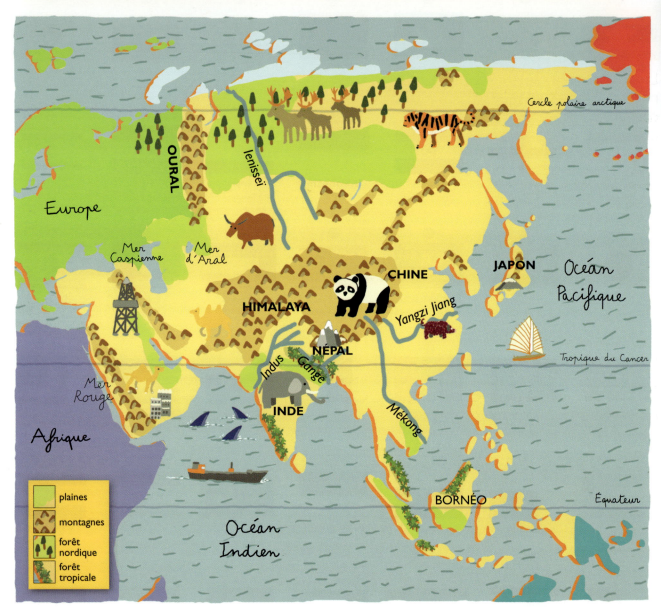

Cercle polaire arctique

OURAL

Ienisseï

Europe

Mer Caspienne

Mer d'Aral

CHINE

JAPON

Océan Pacifique

HIMALAYA

Yangzi Jiang

Tropique du Cancer

NÉPAL

Indus

Gange

Mékong

INDE

Mer Rouge

Afrique

Océan Indien

BORNÉO

Équateur

Légende :
- plaines
- montagnes
- forêt nordique
- forêt tropicale

L'Asie compte de nombreux **déserts**, et de **grandes plaines** où l'on cultive du riz et des céréales.

Elle compte aussi les plus hautes montagnes du monde, dans la chaîne de l'**Himalaya**.

Le plus haut sommet du monde, l'**Everest**, se situe dans l'Himalaya, entre la Chine et le Népal.

Le plus long fleuve d'Asie se trouve en Chine : c'est le **Yangzi Jiang**.

La plus grande île d'Asie est l'île de **Bornéo**, en Indonésie.

La **mer d'Aral** était le plus grand lac d'Asie, mais il a diminué de moitié à cause de l'irrigation et de la pollution.

L'Asie compte les deux pays les plus peuplés du monde : l'**Inde** et la **Chine**.

Tokyo, au Japon, est la plus grande ville d'Asie.

Les pays les plus pauvres d'Asie sont le **Népal** et le **Bangladesh**.

Le pays le plus riche d'Asie est le **Japon**.

Le plus long tunnel d'Asie est le **Seikan**. Il relie les deux grandes îles du Japon.

EN TURQUIE ET AU MOYEN-ORIENT

Les pays du Moyen-Orient sont situés entre l'Europe, l'Asie et l'Afrique. Ce sont des pays chauds, où les déserts sont nombreux. Beaucoup de ces pays sont de religion musulmane.

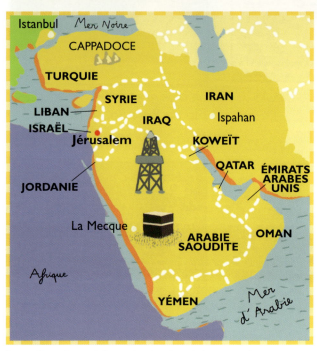

Ces pays ont une riche histoire. De nombreux **monuments** témoignent de leur passé.

Le **pétrole** est la principale richesse des pays du Moyen-Orient.

Jérusalem est une ville sainte pour les religions juive, chrétienne et musulmane.

Les marchés d'Orient s'appellent des **bazars**. On y vend toutes sortes d'épices.

Au café, les hommes fument le **narghilé**, une longue pipe à eau.

La **cuisine** orientale est parfumée et épicée. Les gâteaux sont très sucrés.

Istanbul est une grande ville de **Turquie**. Elle est célèbre pour ses belles mosquées.

La Turquie est un pays très touristique. Il y a de belles plages et, dans la région de **Cappadoce**, on peut voir d'étranges paysages : les cheminées de fées.

Partout on peut voir des mosquées. La Mosquée royale d'Ispahan, en **Iran**, est l'un des plus beaux monuments du monde.

Les musulmans doivent faire au moins une fois dans leur vie un pèlerinage à **La Mecque** : le hadj.

Des **déserts de sable** occupent une grande partie du Moyen-Orient.

L'**Arabie saoudite** est le 1er producteur de pétrole du monde.

EN MONGOLIE ET EN SIBÉRIE

La Sibérie et la Mongolie sont d'immenses territoires situés tout au bout de la Russie. Il y fait très très froid et l'hiver y dure longtemps. Il y a donc très peu d'habitants.

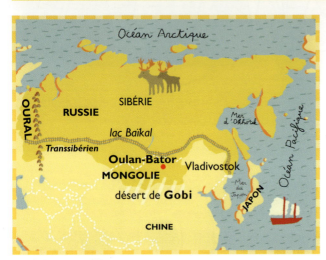

L'hiver, il peut faire − 40°. Tout est **gelé**.

La **Mongolie** est un pays indépendant, situé entre la Russie et la Chine.
La capitale est Oulan-Bator.
La **Sibérie** est la plus grande région de Russie, à l'est de l'Oural.

Dans les steppes de **Mongolie**, les nomades mongols élèvent des chevaux, des moutons, des yacks.

Beaucoup de Mongols vivent dans des **yourtes**, des tentes qui résistent bien au vent.

Les yourtes sont recouvertes de **laine de mouton**. Elles sont chaudes et confortables.

Il n'y a qu'**une seule pièce** dans la yourte. Le poêle est au milieu.

Les **musiciens** mongols jouent d'une sorte de violon. Les cordes sont en crins de cheval.

Les Mongols sont d'excellents **cavaliers**. Tous les ans, au mois de juillet, se déroulent les fêtes du Naadam : les cavaliers font des courses et des concours de tirs à l'arc.

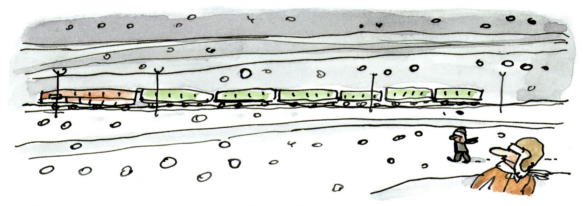

Le **Transsibérien** traverse toute la Sibérie. C'est la plus longue voie ferrée du monde. Il faut plus d'une semaine pour aller de Moscou à Vladivostok.

Dans le désert de Gobi, il fait très chaud en été, très froid en hiver. C'est là que vivent les **chameaux de Bactriane**.

Le **lac Baïkal** est gelé six mois par an.

On a trouvé du **pétrole** et du **gaz** en Sibérie.

EN CHINE

La Chine est un pays immense et très peuplé. Il y a plus d'un milliard de Chinois. Un habitant de la Terre sur cinq vit en Chine ! Les paysans sont nombreux. Ils cultivent le riz et le blé, des céréales très nourrissantes.

La Grande Muraille de **Chine** a été construite il y a plus de 2 000 ans, par le premier empereur de Chine, Qin Shi Huangdi, pour protéger le pays des invasions mongoles.
C'est aussi cet empereur qui a inventé l'écriture chinoise.

Fin janvier, début février, les Chinois fêtent pendant 3 jours le **Nouvel An**. Chaque année chinoise porte le nom d'un animal.

Le **riz** pousse très bien et permet de nourrir beaucoup de monde.

La capitale de la Chine est **Pékin**.
Au centre de Pékin,
le palais des anciens
empereurs s'appelle
la **Cité interdite**.

Hong Kong est une grande ville
moderne. Elle a été anglaise
pendant un siècle, et est
redevenue chinoise en 1997.

Les Chinois sont très
nombreux. C'est pourquoi
on ne doit pas avoir plus
d'**un enfant**.

Les derniers **grands pandas**
vivent dans la forêt de
bambous du Sichuan. Ils sont
menacés de disparition.

La ville de **Guilin** est très célèbre : ses étranges
collines ont été souvent peintes par
les peintres chinois.

Le **Tibet** est une région à part, située dans les
montagnes de l'Himalaya. Le chef du Tibet est
le **dalaï-lama**. Il vit en exil.

EN INDE

L'Inde et les pays voisins vivent au rythme de la mousson, un vent qui apporte l'eau indispensable aux cultures. L'Inde est très peuplée. La population augmente de 1,5 million de personnes par mois !

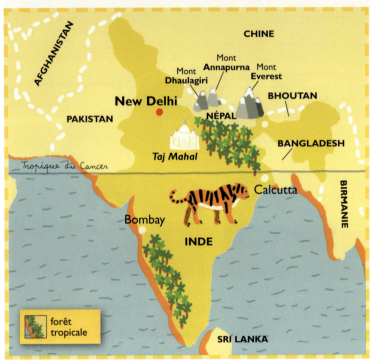

forêt tropicale

L'**Inde** a la forme d'un triangle qui s'avance dans l'océan Indien. La capitale est **New Delhi**. Les plus grandes villes sont Calcutta et Bombay.

La **mousson** peut provoquer des inondations terribles.

La cuisine indienne est très épicée : la viande et les légumes sont souvent parfumés au **curry**.

En Inde, le climat est **chaud et humide**. Les Indiens portent des vêtements légers : un sari pour les femmes, des chemises sans col pour les hommes.

Le **Taj Mahal** est le plus célèbre monument indien, tout en marbre blanc, incrusté de pierres colorées.

L'Inde est le plus grand producteur de **thé**. Le thé de la région de Darjeeling est réputé dans le monde entier.

Pour les grandes fêtes, comme la **parade de Delhi**, les éléphants défilent, parés de riches et beaux tissus.

Une partie de l'Inde est recouverte par la forêt tropicale : la **jungle**. C'est là que vivent les derniers tigres.

Dans la religion hindouiste, il y a de nombreux **dieux** : Shiva, Brahma, Vishnou, Ganesh….

Le **sitar** est un instrument à cordes, traditionnel en Inde.

La **vache** est un **animal sacré**, vénéré comme symbole de la mère nourricière. Tuer une vache est un crime.

AU JAPON

Le Japon est un petit pays, très peuplé, situé à l'extrême est de l'Asie. En japonais, Japon se dit «Nippon», ce qui signifie «le pays du Soleil-Levant». C'est l'un des pays les plus riches du monde.

Le **mont Fuji**, ou **Fuji-Yama**, est le plus haut sommet du Japon. C'est un volcan. Beaucoup de peintures le représentent.

Le **Japon** est formé de quatre grandes îles et de nombreuses petites îles. La capitale du Japon est **Tokyo**.

On mange beaucoup de **poisson cru** et de riz : des makis, des sushis, des sashimis…

Pour aller à l'école, les enfants japonais doivent porter des **uniformes**.

Les maisons japonaises doivent résister aux fréquents **tremblements de terre**. Certaines sont sur pilotis. Les cloisons sont très légères.

Beaucoup de Japonais pratiquent le **bouddhisme**. Les temples, souvent construits en bois, sont très beaux.

Tokyo est l'une des plus grandes villes du monde.

La **pêche** est une activité très importante.

Le Japon est le premier constructeur mondial de **voitures**.

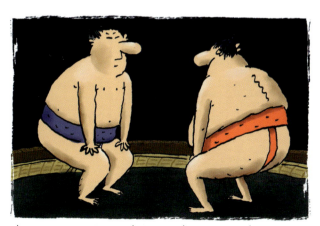

Beaucoup de téléviseurs, d'ordinateurs, de caméras vidéo… sont fabriqués au Japon.

Le **sumo** est une lutte qui oppose deux colosses de 150 kilos… Il faut soulever son adversaire et le projeter hors de la piste.

EN ASIE DU SUD-EST

On appelle Asie du Sud-Est la région située entre l'Inde et la Chine. Le climat est rythmé par un vent, la mousson. Il apporte la pluie en été et la sécheresse en hiver.

Le **Viêt Nam**, la **Thaïlande**, la **Birmanie**, le **Cambodge** et le **Laos** sont des petits pays de l'Asie du Sud-Est.

La **baie d'Along**, au Viêt Nam, est un des endroits les plus étonnants du monde. Des milliers de rochers surgissent au milieu du fleuve Rouge.

Beaucoup d'habitants pratiquent la religion **bouddhiste**.

La **forêt tropicale**, aux mille fleurs, couvre une grande partie de ces pays.

Le **riz** figure à tous les repas. On le mange avec des baguettes, seul ou pour accompagner la viande ou le poisson.

La capitale de la **Thaïlande** est Bangkok. Elle est construite sur des canaux.

Les habitants y organisent des **marchés flottants**. Certains y installent même leur bureau !

La Thaïlande est le premier pays exportateur d'**orchidées** coupées.

En **Birmanie**, les éléphants sont mis à contribution pour exploiter les forêts de teck, un bois précieux.

Angkor est l'ancienne capitale du **Cambodge**. Les anciens empereurs y ont fait construire des temples-montagnes et des monuments gigantesques.

EN INDONÉSIE

L'Asie du Sud-Est est aussi formée de milliers d'îles. L'Indonésie est le plus grand archipel du monde. Elle compte près de 1400 îles, dont Sumatra, Java, Bali et une grande partie de Bornéo.

La **Malaisie**, **Singapour** et **l'Indonésie** sont situés entre la mer de Chine et l'océan Indien. Ce sont des pays au climat chaud et humide toute l'année.

Comme dans tous les pays d'Asie, le **riz** est la principale culture. Il est souvent cultivé en terrasses.

La **Malaisie** et les îles d'Indonésie sont couvertes par les forêts tropicales.

Les **forêts tropicales** abritent de nombreuses espèces d'animaux : orangs-outans à Sumatra et Bornéo, dragons de Komodo, tigres, éléphants, oiseaux de paradis, etc.

Le long des côtes, dans l'eau boueuse, poussent des arbres aux racines immenses : les palétuviers. C'est la **mangrove**. Elle abrite toutes sortes d'animaux : des singes nageurs (**1**), des crabes violonistes (**2**), des poissons archers (**3**) et des périophtalmes (**4**).

Borobudur est un magnifique temple bouddhique de l'île de **Java**.

Les danseuses de l'île de **Bali** sont célèbres.

Singapour est une ville de gratte-ciel.

Les enfants de Singapour vont à l'**école** à 7 h et la quittent à 13 h. Ils travaillent beaucoup sur des ordinateurs.

LES PAYS D'AMÉRIQUE ET LEURS DRAPEAUX

Le continent américain ressemble à deux grands triangles attachés par une mince bande : l'Amérique du Nord, en haut, l'Amérique du Sud, en bas et, au milieu, l'Amérique centrale, comme son nom l'indique.

GROENLAND
(appartient
au Danemark)

ALASKA
(appartient
aux États-Unis)

CANADA

ÉTATS-UNIS
D'AMÉRIQUE

Océan Atlantique

MEXIQUE   BELIZE   ANTILLES

GUATEMALA
SALVADOR   HONDURAS
NICARAGUA   VENEZUELA
COSTA RICA   GUYANA
PANAMA   COLOMBIE   SURINAME
                             GUYANE
ÉQUATEUR   (FRANCE)

                    BRÉSIL

Océan
Pacifique

PÉROU   BOLIVIE

                         PARAGUAY
CHILI

                    URUGUAY

ARGENTINE

Nord
Ouest Est
Sud

L'AMÉRIQUE DU NORD

comprend les États-Unis et le Canada. On y parle l'**anglais**, et le **français** dans certaines provinces du Canada. Le Groenland, la grande île située au nord-est du Canada, appartient au Danemark, un pays européen.

L'AMÉRIQUE CENTRALE

est constituée du Mexique, des Antilles et de plusieurs petits pays. On y parle surtout l'**espagnol**.

L'AMÉRIQUE DU SUD

est constituée de 12 pays (sans compter la Guyane qui appartient à la France).

On appelle pays d'Amérique latine les pays d'Amérique centrale et d'Amérique du Sud où on parle l'**espagnol** et le **portugais**, deux langues issues du latin.

Argentine
Buenos Aires

Belize
Belmopan

Bolivie
La Paz

Brésil
Brasília

Canada
Ottawa

Chili
Santiago

Colombie
Bogota

Costa Rica
San José

Équateur
Quito

États-Unis
Washington

Guatemala
Ciudad Guatemala

Guyana
Georgetown

Guyane Française
(Possession française)

Honduras
Tegucigalpa

Mexique
Mexico

Nicaragua
Managua

Panamá
Panamá

Paraguay
Asunción

Pérou
Lima

Salvador
San Salvador

Suriname
Paramaribo

Uruguay
Montevideo

Venezuela
Caracas

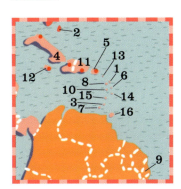

LES ANTILLES

❶ **Antigua-et-Barbuda**
Saint-John's

❷ **Bahamas**
Nassau

❸ **Barbade**
Bridgetown

❹ **Cuba**
La Havane

❺ **Dominicaine (Rép.)**
Saint-Domingue

❻ **Dominique**
Roseau

❼ **Grenade**
Saint George's

❽ **Guadeloupe**
❾ **Guyane**
❿ **Martinique**
(France)

⓫ **Haïti**
Port-au-Prince

⓬ **Jamaïque**
Kingston

⓭ **Saint-Kitts-et-Nevis**
Basseterre

⓮ **Sainte-Lucie**
Castries

⓯ **Saint-Vincent-et-les Grenadines**
Kingstown

⓰ **Trinité-et-Tobago**
Port of Spain

PAYSAGES D'AMÉRIQUE

Le continent américain est immense. Il se divise en trois grands ensembles : l'Amérique du Nord qui comprend les États-Unis et le Canada, l'Amérique centrale et l'Amérique du Sud.

banquise

FORÊT CANADIENNE

GROENLAND

Grands lacs

Grande Plaine

ROCHEUSES

Mississippi

Tropique du Cancer

désert du **Mexique**

Océan Atlantique

Afrique

Équateur

Océan Pacifique

FORÊT AMAZONIENNE

Amazone

ANDES

pampa

Tropique du Capricorne

Légende :
- pampa
- banquise
- forêt canadienne
- forêt amazonienne
- montagnes

Le continent américain est si grand qu'on y trouve tous les climats et tous les types de paysages :
- la **banquise** du Grand Nord canadien ;
- des chaînes de **hautes montagnes** ;
- des **déserts** comme celui du Mexique ;
- d'immenses **plaines** ;
- le **plus grand lac** du monde, le lac Supérieur, partagé entre les États-Unis et le Canada ;
- des **fleuves** immenses ;
- des **forêts de conifères** au Canada, des **forêts tropicales** en Amazonie.

Le nord du continent américain est situé au-delà du **cercle polaire arctique**.
Il est largement recouvert de neige et de glace.

Le **Canada** occupe la moitié supérieure de l'Amérique du Nord. C'est un pays grand comme 20 fois la France.

L'autre moitié est occupée par les **États-Unis** (en anglais « United States of America », USA). La ville la plus célèbre des États-Unis est **New York**.

La côte ouest du continent américain est bordée par une vaste chaîne de montagnes : les **Rocheuses** au nord, les **Andes** au sud.

L'**Amazone** est le plus long fleuve du monde. Il traverse l'immense forêt amazonienne, en Amérique du Sud.

AU CANADA

Le Canada est le plus grand pays du monde, après la Russie. Mais il n'y a pas beaucoup d'habitants, car il est en grande partie couvert de forêts et il y fait très froid en hiver.

La **feuille d'érable** est l'emblème du Canada.

Le **Canada** s'étend au nord de l'Amérique. La capitale est **Ottawa**. Toronto, Montréal et Vancouver sont les plus grandes villes du Canada.

Au Canada, on mange du saumon, des crêpes (pancakes) que l'on parfume de **sirop d'érable**.

Dans les forêts, il y a beaucoup d'animaux : des orignals (ou élans) (**1**), des ours bruns (**2**), des lynx (**3**), des loups (**4**), des renards arctiques (**5**), des oies des neiges (**6**).

Québec est la plus ancienne ville du Canada. Elle a été fondée par des Français. On y parle toujours français.

À Ottawa, la capitale du Canada, on parle anglais. Les policiers de la police montée se déplacent à cheval.

Les montagnes rocheuses sont le royaume des grands ours bruns, les grizzlis.

Entre le Canada et les États-Unis, cinq grands lacs se suivent en escalier. Les fameuses chutes du Niagara sont l'une des marches de l'escalier.

Les Indiens étaient les premiers habitants du Canada. Ils ont sculpté de magnifiques totems.

Les forêts fournissent le bois utilisé pour fabriquer des meubles et du papier.

Près du pôle Nord, la forêt disparaît. Il n'y a plus que de la mousse et de petites herbes : c'est la toundra.

VIVRE AUX ÉTATS-UNIS

Les États-Unis d'Amérique regroupent 50 États. C'est le pays le plus riche du monde, l'un des plus peuplés (près de 300 millions d'habitants) et l'un des plus grands. Washington est la capitale des États-Unis.

Sur les 50 États des **États-Unis**, deux sont séparés des autres : l'Alaska, qui est situé au nord-ouest du Canada, et les îles Hawaii, situées au milieu de l'océan Pacifique. Les pays voisins des États-Unis sont le Canada au nord et le Mexique au sud.

L'un des repas préférés des Américains est composé de **hamburgers** et de **sodas**.

En novembre, pour la fête de **Thanksgiving**, les Américains mangent de la dinde.

La fête nationale, le **4 juillet**, célèbre le jour où les États-Unis sont devenus indépendants de l'Angleterre.

Chaque année, à la fin du mois d'octobre, pour la fête d'**Halloween**, les enfants se déguisent en fantômes et en sorciers, et l'on décore les maisons avec des citrouilles.

Les champs de céréales ont remplacé la **Grande Prairie**, où les Indiens chassaient les bisons.

Les États-Unis sont le plus gros producteur de **maïs** du monde.

PAYSAGES DES ÉTATS-UNIS

Les États-Unis sont un des pays les plus grands du monde, le quatrième par la taille. Tout y est immense. Les villes semblent toucher le ciel, les espaces sont gigantesques…

Trois Américains sur quatre vivent dans une ville. Sur la côte est, **New York** n'est pas la capitale des États-Unis, mais c'est la ville la plus grande et la plus célèbre. C'est un port, dont l'entrée semble gardée par la statue de la Liberté.

Monument Valley est un grand désert de l'Ouest américain. C'est là que beaucoup de westerns ont été tournés.

Sur la côte ouest, **Los Angeles** (ou LA) est une ville si étendue que, pour se déplacer, il faut toujours prendre sa voiture…

Le **Grand Canyon** du Colorado est la plus longue gorge du monde. Il est profond de près de 2 000 mètres par endroits.

Les **chutes du Niagara** sont à la frontière des États-Unis et du Canada. 2 millions de touristes viennent les voir chaque année.

La **Floride** est un État du sud des États-Unis, célèbre pour ses très belles plages. Mais il est aussi balayé par des cyclones.

l'antilocapre

la chouette des terriers

le serpent à sonnette

Il existe de nombreux parcs naturels aux États-Unis. De nombreuses espèces animales, dont les **bisons** et les **chiens de prairie**, menacés de disparition, y sont protégées.

le coyote

Le fleuve **Mississippi** traverse le pays du nord au sud.

Las Vegas est la ville des casinos, des machines à sous.

Disneyland est le plus célèbre parc d'attractions du monde.

EN AMÉRIQUE CENTRALE

Le Mexique et les autres petits pays d'Amérique centrale occupent un long cordon de terre entre l'Amérique du Nord et l'Amérique du Sud. Le Mexique est le plus peuplé et le plus riche de ces pays.

La bande de terres, qui forme l'Amérique centrale, sépare l'océan Atlantique de l'océan Pacifique. Pour éviter aux bateaux d'avoir à faire le tour de l'Amérique du Sud pour passer d'un océan à l'autre, on a creusé, il y a presque 100 ans, un immense canal : le **canal de Panamá**.

Mexico est la capitale du **Mexique**. On y croise partout de petits orchestres.

Au Mexique, on mange des galettes de maïs (**tortillas**) fourrées de purée d'avocat pimentée (**guacamole**), et de **haricots rouges**. On boit de la bière.

Les chaînes de montagnes du Mexique s'appellent les **Sierra Madre**.

Des **cactus géants** poussent dans le désert de Sonora, au Mexique.

C'est là que vivent le coati, (1) le pic de Gila (2), la tarentule (3), le serpent corail (4).

Le sous-sol du Mexique est riche en **or** et en **argent**. Le Mexique est le premier producteur mondial d'argent.

Les anciennes civilisations d'Amérique centrale ont construit d'immenses **pyramides** pour leurs dieux, comme celles de Teotihuacán, «la cité des dieux» en aztèque, près de Mexico.

Le **café** du **Costa Rica** est très réputé.

Partout, en Amérique centrale, il y a des marchés. Les femmes indiennes fabriquent des **tissages** très colorés. Des petits orchestres viennent jouer.

La fête à la mémoire des morts, le 1er novembre, est une fête très importante pour les Mexicains.

AUX ANTILLES

Entre l'Amérique du Nord et l'Amérique du Sud, il y a de nombreuses îles. Certaines sont toutes petites, d'autres plus grandes, comme Cuba. On les appelle les îles Caraïbes ou les Antilles.

Tropique du Cancer — **BAHAMAS**

Océan Atlantique

La Havane

CUBA   **HAÏTI**

PORTO RICO

JAMAÏQUE   **GUADELOUPE**

RÉP. DOMINICAINE

Mer des Caraïbes   **MARTINIQUE**

Amérique du Sud

Les Antilles, ou îles Caraïbes, sont situées sous le tropique du Cancer. Il y fait chaud toute l'année. La **Guadeloupe** et la **Martinique** appartiennent à la France, **Porto Rico** est associé aux États-Unis, les autres sont indépendants.

Au moment des **cyclones**, le vent souffle avec violence et arrache tout sur son passage.

Sur les marchés, on trouve quantité de **fruits tropicaux** : des noix de coco, différentes sortes de bananes, des ananas, des citrons verts, des pastèques, des melons, des goyaves. Les femmes portent des vêtements très colorés.

Sur certaines de ces îles, il y a des **volcans** : la montagne Pelée à la Martinique, la Soufrière à la Guadeloupe.

La **mer des Caraïbes** est très riche en poissons. C'est l'aliment principal des habitants de ces îles.

Les **îles Caraïbes** sont très appréciées des touristes. Les longues plages de sable blanc sont abritées par des cocotiers. La mer y est toujours chaude.

Les agriculteurs cultivent la **canne à sucre**. Ils en font du sucre et du rhum.

La Havane est la capitale de **Cuba**.

À Cuba, on cultive le tabac. Les **cigares** de La Havane sont très appréciés.

Haïti est l'un des pays les plus pauvres du monde.

AU BRÉSIL

Le Brésil est un pays de contrastes où coexistent l'immense forêt amazonienne et des villes gigantesques au bord de la mer. On y parle portugais. Il y a à la fois des gens très riches et des gens très pauvres.

L'immense **forêt amazonienne** est en danger : les hommes la détruisent pour faire des routes et des cultures.

Le **Brésil** est le **plus grand pays d'Amérique du Sud**, grand comme 15 fois la France.

La forêt amazonienne est la plus grande forêt tropicale du monde. Elle abrite **40 000 espèces de plantes et d'animaux** : des atèles (1), des boas (2), des jaguars (3), des tapirs (4), des toucans (5), des aras (6)… et des piranhas (7) dans l'Amazone.

Brasília est la capitale du Brésil. C'est une ville moderne, construite en quelques années au centre du pays.
Rio de Janeiro est une grande ville au bord de la mer. Ses plages sont très belles.

Les Brésiliens aiment le football, la musique et la danse. Chaque année, au moment du Mardi gras, les Brésiliens chantent et dansent la samba dans la rue, pendant trois jours : c'est le carnaval. Le **carnaval de Rio** est le plus célèbre.

Quelques tribus indiennes, comme celle des **Yanomani**, vivent encore en petits groupes dans la forêt amazonienne.

Les **fusées Ariane** sont lancées de la base de Kourou en Guyane, au nord du Brésil. La Guyane appartient à la France.

DANS LES ANDES

**Les Indiens sont les premiers habitants de l'Amérique.
Avant la découverte de Christophe Colomb et l'arrivée des Européens,
les pays de la cordillère des Andes faisaient partie de l'empire Inca.**

La cordillère des Andes traverse l'Amérique du Sud du nord au sud. **La Paz**, en **Bolivie**, est la capitale la plus haute du monde (3 658 m).

Sur les hauts plateaux des Andes, la température moyenne est de 12°. Les **villages indiens** sont accrochés à la montagne, souvent à plus de 4 000 m d'altitude. Les habitants cultivent le **maïs** et la **pomme de terre**. Leurs costumes traditionnels (ponchos, amples jupes pour les femmes) sont très colorés.

Le **lac Titicaca** est le plus haut lac du monde (à 3 800 m d'altitude). Il se trouve à la frontière entre deux pays : le Pérou et la Bolivie.

Les **musiciens** des Andes jouent de la flûte (flûte de pan et quena), de la guitare et du tambour, le bombo.

La cité Inca de **Machu Picchu** est cachée dans la montagne. Elle n'a pas été trouvée par les conquistadors. Quand les archéologues l'ont découverte, elle était presque intacte.

Cuzco, la capitale de l'empire Inca, a été transformée par les Espagnols.

Les Incas étaient de grands orfèvres. Ils fabriquaient de magnifiques **bijoux en or**.

Peu d'animaux vivent dans les Andes. Le lama (1) est un animal domestique qui sert à tout (transport, laine, viande, lait). La vigogne (2) et le tapir laineux (3) sont des animaux sauvages.

Les **îles Galápagos** sont des îles volcaniques. Elles sont situées dans l'océan Pacifique, loin de la côte. On y trouve quelques espèces d'animaux uniques au monde, comme les tortues géantes et les iguanes de mer.

EN ARGENTINE ET AU CHILI

L'Argentine et le Chili occupent toute la pointe de l'Amérique du Sud. L'Argentine est un grand pays. Le Chili est un pays tout en longueur, entre les Andes et l'océan Pacifique.

Plus on va vers le sud, plus il fait froid et venteux. **Ushuaia** est la ville la plus au sud du monde.

Tout au sud de l'**Argentine** et du **Chili**, il y a la Patagonie, une région froide traversée par des vents très violents. Presque personne n'y habite.

Sur les côtes de **Patagonie**, d'immenses glaciers descendent des montagnes jusque dans la mer.

La **cordillère des Andes** abrite plusieurs volcans, dont le fameux Aconcagua (6 959 m).

Une grande partie de l'Argentine est recouverte par une vaste prairie : la **Pampa**. C'est le domaine des gauchos. Ils parcourent la Pampa à cheval pour garder les immenses troupeaux. Ils travaillent dans des ranchs, que l'on appelle les estancias.

Le désert d'**Atacama** s'étend au nord du Chili. C'est l'un des endroits les plus arides de la Terre.

Buenos Aires est la capitale de l'Argentine.

Le **tango** est la danse de l'Argentine. Elle se danse en couple.

L'île de Pâques est une île de l'océan Pacifique, située au large des côtes du Chili. On a découvert sur cette île des **statues géantes**, les moai : certaines font près de 10 m de haut.

Toutes ont le dos tourné à la mer. Ces statues auraient été sculptées il y a plus de 1 000 ans. On ne sait pas très bien ce qu'elles représentent.

LES PAYS D'OCÉANIE ET LEURS DRAPEAUX

L'Océanie regroupe des îles de l'océan Pacifique.
Il y en a plus de 20 000. La plus grande de toutes est l'Australie.
Certaines sont indépendantes. Plusieurs appartiennent à d'autres pays.

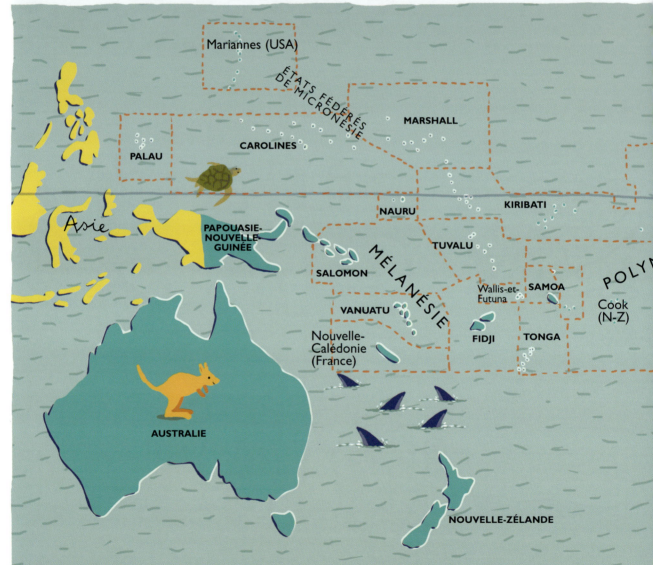

Mariannes (USA)

ÉTATS FÉDÉRÉS DE MICRONÉSIE

MARSHALL

PALAU

CAROLINES

Asie

KIRIBATI

NAURU

PAPOUASIE-
NOUVELLE-
GUINÉE

TUVALU

MÉLANÉSIE

SALOMON

POLY...

Wallis-et-
Futuna

SAMOA

VANUATU

Cook
(N-Z)

FIDJI

TONGA

Nouvelle-
Calédonie
(France)

AUSTRALIE

NOUVELLE-ZÉLANDE

L'**Australie** est une île immense : plus de 13 fois la France.
Au large de l'Australie, il y a une autre grande île : la **Nouvelle-Zélande**.
Puis quantité de petites îles que l'on a regroupées en plusieurs ensembles :
• La **Polynésie** ;
• La **Micronésie** ;

Australie
Canberra

Fidji
Suva

Marshall (îles)
Majuro

États fédérés de Micronésie
Palikir

Nauru
Yaren

Nouvelle-Zélande
Wellington

Palau
Koror

Papouasie-Nouvelle-Guinée
Port Moresby

Salomon (îles)
Honiara

Vanuatu
Port-Vila

Kiribati
Tarawa

Samoa
Apia

Tonga
Nukualofa

Tuvalu
Funafuti

YNÉSIE
NÇAISE

Pitcairn (GB)

• La **Mélanésie** (ou «îles noires»). Certaines sont des États indépendants avec leurs drapeaux.

Les îles d'Océanie sont situées entre les **tropiques**. Il y fait chaud toute l'année. Beaucoup d'îles sont minuscules et ne sont pas habitées. Certaines sont des volcans.

PAYSAGES D'AUSTRALIE

L'Australie est la plus grande île du monde. Elle est rattachée à la Grande-Bretagne. C'est pourquoi on y parle l'anglais. La capitale est Canberra.

L'Australie est située dans l'**hémisphère Sud**. Les saisons sont donc inversées par rapport aux nôtres. Ainsi, Noël tombe en plein milieu de leur été !

Une grande partie de l'Australie est recouverte par la savane, que l'on appelle le **bush**. C'est le domaine des kangourous et des wallabies, une espèce plus petite. On compte plus de 40 millions de kangourous en Australie, deux fois plus que d'habitants !

L'Australie est un paradis pour les surfeurs. Au nord du pays, la **Grande Barrière de corail** est la plus grande formation de corail au monde. Plus de 1 500 espèces de poissons différentes y vivent… mais des requins rôdent autour des côtes.

L'Australie possède le plus grand troupeau de **moutons** du monde : environ 6 moutons pour 1 habitant !

Tout le centre de l'Australie est occupé par d'immenses **déserts**. Les villes sont au bord de la mer.

Le **sous-sol** de l'Australie est très riche. On y trouve du fer, de l'argent, des diamants et beaucoup d'or.

VIVRE EN AUSTRALIE

L'Australie est un pays immense, mais peu peuplé parce que tout le centre est occupé par de vastes déserts. Les habitants sont concentrés sur les côtes, à l'est et au sud de l'île.

Uluru (ou Ayers Rock), un immense rocher rouge qui se dresse au milieu du désert, est la montagne sacrée des **Aborigènes**, les descendants des premiers habitants d'Australie.

En Australie, les distances sont si grandes qu'il existe un service de **médecine volante** pour soigner les habitants les plus isolés.

Sydney est la plus grande ville d'Australie. Son Opéra en forme de bateau est célèbre.

Melbourne est la deuxième ville d'Australie. On s'y déplace en tramway.

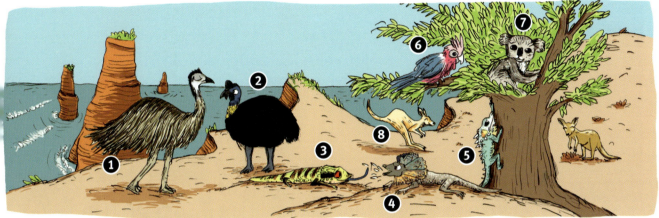

L'Australie est une île très isolée. Aussi, elle abrite des espèces d'**animaux uniques au monde** : l'émeu (1) et le casoar (2), le scinque (3), un gros lézard à langue bleue, le lézard à collerette (4), le moloch (5), le cacatoès (6), le koala (7) et toutes sortes de kangourous (8).

Les **dingos** sont des chiens sauvages qui chassent par bandes. Un seul dingo peut massacrer une centaine de moutons en une nuit. Pour lutter contre les dingos, il a fallu construire une clôture de 8 500 km de long.

Le **loup de Tasmanie**, une île au sud de l'Australie, a aujourd'hui disparu, tué par les chasseurs.

EN NOUVELLE-ZÉLANDE

La Nouvelle-Zélande est un pays de l'hémisphère Sud, situé dans l'océan Pacifique. Elle est formée de deux grandes îles, l'île du Nord et l'île du Sud. Il y fait doux et humide. On y élève des moutons.

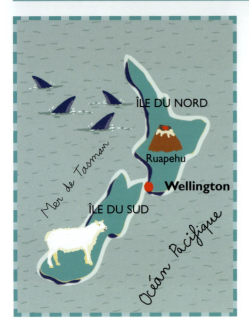

La **Nouvelle-Zélande** est un archipel. De nombreuses petites îles entourent les deux îles principales, comme les fameuses îles Bounty.

La capitale de la Nouvelle-Zélande est **Wellington**. Elle est située dans l'île du Nord.

L'île du Nord compte plusieurs **geysers** qui projettent de l'eau bouillante à 100 m de haut.

Il y a plusieurs volcans sur l'île du Nord. Le **Ruapehu** est le plus haut.

Les **All Blacks** sont une grande équipe de rugby. Avant chaque match, les joueurs entonnent un chant maori.

Les **Maoris** sont les premiers habitants de la Nouvelle-Zélande. Pour se protéger pendant les combats, ils couvraient leur corps et leur visage de magnifiques tatouages. On retrouve ces motifs dans leur sculpture et leur peinture.

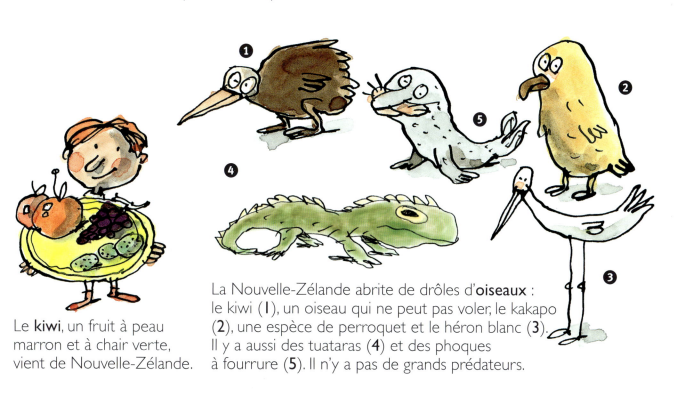

Le **kiwi**, un fruit à peau marron et à chair verte, vient de Nouvelle-Zélande.

La Nouvelle-Zélande abrite de drôles d'**oiseaux** : le kiwi (1), un oiseau qui ne peut pas voler, le kakapo (2), une espèce de perroquet et le héron blanc (3). Il y a aussi des tuataras (4) et des phoques à fourrure (5). Il n'y a pas de grands prédateurs.

DANS LES ÎLES DU PACIFIQUE

Le Sud de l'océan Pacifique est parsemé de milliers d'îles.
La Nouvelle-Guinée est la plus grande. Elle est coupée en deux.
Une partie est rattachée à l'Indonésie ; l'autre forme la Papouasie.

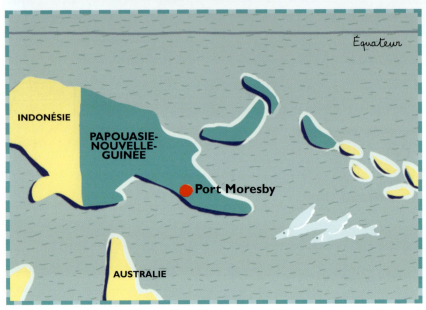

La **Papouasie-Nouvelle-Guinée** est située au nord de l'Australie, juste en dessous de l'équateur : il y fait très chaud. La capitale est **Port Moresby**.

La **Nouvelle-Calédonie** est une île qui appartient à la France. Les premiers habitants de Nouvelle-Calédonie sont les Kanak. Un magnifique musée à Nouméa, la capitale de l'île, leur est consacré.

La Papouasie est couverte d'une **forêt tropicale** dense.

Il y a près de **mille tribus** en Papouasie.
Elles parlent toutes des langues différentes.

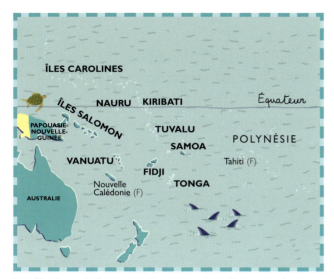

La **Polynésie** est « le pays des îles nombreuses ». Certaines ne sont qu'un îlot rocheux, d'autres, plus grandes, sont habitées. **Tahiti** est la plus célèbre ; elle appartient à la France.

Des **fleurs** magnifiques poussent sur ces îles : fleurs de tiaré, frangipanier, hibiscus.

La **Polynésie** regorge de fruits tropicaux et de noix de coco. À bord de leur pirogue les Polynésiens pêchent d'excellents poissons.

Les Polynésiens accueillent les touristes en **dansant**, parés de colliers de fleurs.

AUTOUR DU PÔLE NORD

Au pôle Nord, l'océan Arctique est gelé toute l'année : c'est la banquise. Les hommes et les animaux vivent sur les terres couvertes de glaciers qui l'entourent. Ils sont peu nombreux.

Océan Arctique

Pôle Nord

toundra

banquise

GROENLAND

ISLANDE

Le principal habitant de la banquise est l'**ours blanc**. C'est un redoutable chasseur. Il attend près des trous où les phoques viennent respirer. Dès qu'un phoque apparaît, l'ours l'assomme d'un coup de patte…

Au **pôle Nord**, il fait nuit sans interruption pendant six mois de l'année, et jour les six autres mois. Le Groenland est une grande île, presque entièrement recouverte de glace.

Les terres qui entourent le pôle Nord sont recouvertes de **toundra**. Au printemps, le sol dégèle et les plantes fleurissent en quelques jours. La toundra attire alors des milliers d'insectes… et les oiseaux qui les mangent.

Le **bœuf musqué** (1) est l'un des rares animaux à vivre toute l'année dans la toundra. Son corps est recouvert d'une longue et épaisse fourrure qui le protège du froid. Pour mieux se confondre avec le paysage, le **renard polaire** (2) est blanc l'hiver et brun l'été, quand la neige fond. Les **rennes** (3) ne viennent dans la toundra qu'aux beaux jours, pour profiter de l'herbe fraîche. Le **morse** (4) vit sur la banquise.

Les habitants de l'Arctique sont les **Inuits**. Autrefois, ils vivaient de la chasse aux phoques et de pêche. Aujourd'hui, la plupart habitent des maisons de bois et travaillent dans des usines qui fabriquent des conserves de poissons, ou dans des mines. Ils ont abandonné leurs traîneaux pour des motoneiges.

Les **Lapons** vivent dans la région la plus au nord de l'Europe, au-delà du cercle polaire. Ce sont des éleveurs de rennes.

L'**océan Arctique** est gelé. Les bateaux doivent pouvoir briser la glace. On les appelle les brise-glace.

AUTOUR DU PÔLE SUD

L'Antarctique est un grand continent recouvert d'un immense glacier, l'inlandsis. C'est la région la plus froide de la Terre. La vie y est quasiment impossible.

L'**Antarctique** est grand comme 25 fois la France. Il est isolé de toute autre terre. Il est presque tout entier compris dans le cercle polaire. Le **pôle Sud** est au milieu.

La mer, aussi, est gelée : c'est la **banquise**.

En Antarctique, il fait beaucoup plus froid que dans un congélateur. Dans de telles conditions, **les hommes ne peuvent pas y vivre toute l'année**. Seuls des scientifiques y passent quelques mois par an, pour étudier, dans la glace, l'histoire du climat de la Terre.

S'il y a peu d'animaux sur le continent antarctique, en revanche les mers qui l'entourent sont peuplées de **grands mammifères** : baleines bleues, phoques de Weddell, léopards de mer, qui trouvent dans ces eaux riches en plancton et en poissons de quoi se nourrir abondamment.

Les rares animaux à pouvoir survivre en Antarctique sont l'**éléphant de mer** et le **manchot empereur**. Les manchots vivent en immenses colonies.

La femelle manchot pond **un seul œuf**. Elle le confie au mâle pour qu'il le couve pendant deux mois.

Le mâle pose l'œuf sur ses pattes et le **recouvre** d'un pli de la peau de son ventre.

Il le couve jusqu'à l'éclosion de l'œuf. La femelle revient alors pour s'occuper du petit.

Le petit manchot est couvert d'un **duvet** qui s'épaissit jour après jour.

LES MOTS DIFFICILES

Archipel
Un archipel est un groupe d'îles. L'Indonésie est un archipel.

Banquise
La banquise est une couche de glace épaisse qui se forme à la surface de la mer quand elle gèle. La banquise recouvre une grande partie de l'océan Arctique, près du pôle Nord.

Bouddhisme
Le bouddhisme est une religion très répandue en Asie : en Inde, au Japon, en Chine, en Thaïlande, etc. Elle a été fondée par Bouddha.

Caduque
Un arbre à feuilles caduques est un arbre qui perd ses feuilles chaque année. La plupart des arbres de la forêt tempérée, comme le hêtre, le marronnier, le châtaignier sont des arbres à feuilles caduques.
Le contraire d'un arbre à feuilles caduques est un arbre à feuilles persistantes. Les conifères sont des arbres à feuilles persistantes.

Canal
Un canal est une voie d'eau créée par l'homme pour pouvoir naviguer. Venise, en Italie, Amsterdam, aux Pays-Bas, sont des villes construites sur des canaux. À Venise, on se déplace en gondole ou en bateau à moteur.

Canyon
Un canyon est une vallée étroite et très profonde creusée par une rivière.

Cérémonie
On organise une cérémonie quand on célèbre un événement important. On parle de la cérémonie du thé au Japon, parce que le service du thé fait l'objet d'un véritable rituel.

Cétacé
Un cétacé est un mammifère marin. La baleine, le dauphin, le cachalot, l'orque, le narval sont des cétacés. Ils ont la peau nue, leur corps se termine par une grande nageoire.

Conifère
Les pins, les sapins, les cyprès, les épicéas sont des conifères. Les conifères sont des arbres au feuillage persistant en forme d'aiguilles. Leurs fruits sont en forme de cônes. Ce sont des arbres qui résistent très bien au froid.

Crue
Quand il y a de fortes pluies ou de fortes chutes de neige, les eaux d'un fleuve montent. On appelle cette montée des eaux la crue. Quand les eaux descendent, c'est la décrue.

Cyclone
Un cyclone est un tourbillon de vent très violent, qui peut tout détruire sur son passage : les toits des maisons s'envolent, les voitures sont soulevées, les arbres sont déracinés... Les régions tropicales sont régulièrement traversées par des cyclones.

Dalaï-lama
Le dalaï-lama est le chef de la religion du Tibet : le bouddhisme. Il vit en exil depuis que le Tibet est rattaché à la Chine.

Dune
Une dune est une colline de sable formée par le vent. Il y a des dunes au bord de la mer et dans certains déserts.

Duvet
Le duvet, ce sont les premières plumes, toute douces, d'un oisillon. Ce qui est doux comme du duvet est duveteux.

Énergie
L'énergie est une force capable de produire du mouvement, de la chaleur, de faire fonctionner des machines. Le pétrole, l'eau, le vent sont des sources d'énergie.

Équateur
L'équateur est un cercle imaginaire situé à égale distance des pôles, et qui sépare la Terre en deux moitiés égales.
À l'équateur, les journées ont la même durée que les nuits toute l'année. Le climat est toujours le même : très chaud et humide.

Forêt dense
Ce qui est dense est compact, serré, épais. Une forêt dense est une forêt composée d'arbres serrés les uns contre les autres. La forêt tropicale est dense.

Geyser
Un geyser est un mélange d'eau chaude et de vapeur qui jaillit d'une source souterraine.

Gorge
Une gorge est une vallée profonde et étroite entre deux montagnes.

Hiberner
Hiberner, c'est passer l'hiver en vivant au ralenti, en dormant ou en somnolant. Quand ils hibernent, les animaux sont presque toujours blottis dans des grottes, des terriers, pour se mettre à l'abri des prédateurs. La marmotte hiberne.

Hindouisme
Principale religion de l'Inde. C'est l'une des plus vieilles religions du monde. Les hindous vénèrent de nombreux dieux, mais plus particulièrement Brahma, Vishnou et Shiva, les dieux de l'univers.

Indépendant
Un pays indépendant est un pays qui n'est pas soumis à un autre pays. Longtemps colonisés, les pays africains sont aujourd'hui indépendants.

Irriguer, irrigation
Dans les régions qui manquent d'eau, il faut irriguer les terres : on fait venir de l'eau par des canaux pour pouvoir les cultiver.

Jungle
La jungle, c'est le nom que l'on donne à la forêt dense en Inde.

Lande
La lande est une étendue de terre plate et pauvre où ne poussent que des plantes sauvages : la bruyère, le genêt...

Mammifère
Les mammifères sont des animaux qui allaitent leurs petits. Leur peau est généralement couverte de poils. Dans la plupart des cas, les petits se développent dans le ventre de leur mère. Les éléphants, les girafes, les chevaux, les chats, les chiens sont des mammifères.

Migrer, migration, migrateur
Une migration est un grand voyage qu'effectuent certaines espèces d'animaux, chaque année, pour trouver de la nourriture ou un climat plus agréable. Les animaux migrateurs se déplacent en groupes. Les hirondelles sont des oiseaux migrateurs.

Mosquée
Une mosquée est un bâtiment religieux. C'est là que les musulmans vont prier. Au fond de la salle de prière, une niche vide indique la direction de La Mecque, première ville sainte de l'Islam.

Mousson
La mousson est un vent tropical d'Asie qui souffle de la mer vers la terre en été, et de la terre vers la mer en hiver. La mousson d'été amène de fortes pluies, tandis que la mousson d'hiver amène la sécheresse.

Musulman
Un musulman est une personne qui croit en Allah. Il pratique la religion islamique.

Nomade
Un nomade est une personne qui n'a pas d'habitation fixe et se déplace d'un lieu à un autre. Les Touareg du Sahara sont des nomades. Ils parcourent le désert avec leurs troupeaux. Les nomades sont de moins en moins nombreux dans le monde.

Pape
Le pape est le chef de l'Église catholique. Il siège au Vatican, un minuscule État situé en plein cœur de Rome, en Italie.

Pèlerinage
Un pèlerinage est un voyage que l'on effectue vers un lieu saint, pour des raisons religieuses. Les musulmans doivent effectuer un pèlerinage à La Mecque, au moins une fois dans leur vie, s'ils en ont les moyens.

Peuplé

Un pays très peuplé est un pays où il y a beaucoup d'habitants. À l'inverse, les déserts sont des régions très peu peuplées : presque personne n'y vit.

Pilotis

Les maisons sur pilotis sont des maisons construites sur des gros pieux pour les surélever et les protéger de la montée des eaux, par exemple. On construit aussi des maisons sur pilotis dans les régions où les risques de tremblements de terre sont importants.

Plancton

Le plancton, c'est l'ensemble des animaux et des plantes minuscules qui vivent dans la mer. Le plancton constitue la base de l'alimentation des grands mammifères marins, comme la baleine par exemple.

Porcelaine

La porcelaine est une céramique fine, généralement blanche, qui sert à faire des vases, de la vaisselle. Les Chinois ont inventé la porcelaine, il y a plus de 2 000 ans.

Prairie

Une prairie est un terrain couvert d'herbe où l'on fait paître les troupeaux.
Il existe dans le monde quelques grandes prairies naturelles. Selon les continents, elle porte des noms différents : Grande Prairie en Amérique du Nord, pampa en Amérique du Sud, savane en Afrique, steppe en Asie.

Prédateur

Un prédateur est un animal qui chasse et tue d'autres animaux pour se nourrir. Le jaguar, le lion sont des prédateurs.

Temple

Un temple est un bâtiment religieux consacré à un dieu ou une déesse. À Athènes, en Grèce, dans l'Antiquité, des temples étaient consacrés à la déesse Athéna.

Torchis

Le torchis est un mélange de terre et de paille dont on se sert pour construire les maisons dans certains pays d'Afrique, par exemple.

Tropiques

Les tropiques sont deux lignes imaginaires tracées par l'homme, parallèles à l'équateur.
Le tropique du Cancer est situé au nord de l'équateur.
Le tropique du Capricorne est situé au sud de l'équateur.
Les régions tropicales sont les régions proches des tropiques.
Il y fait chaud toute l'année, mais il y a deux saisons : une saison sèche où il ne pleut pas et une saison humide où il pleut beaucoup.

INDEX